Santiago de Compostela

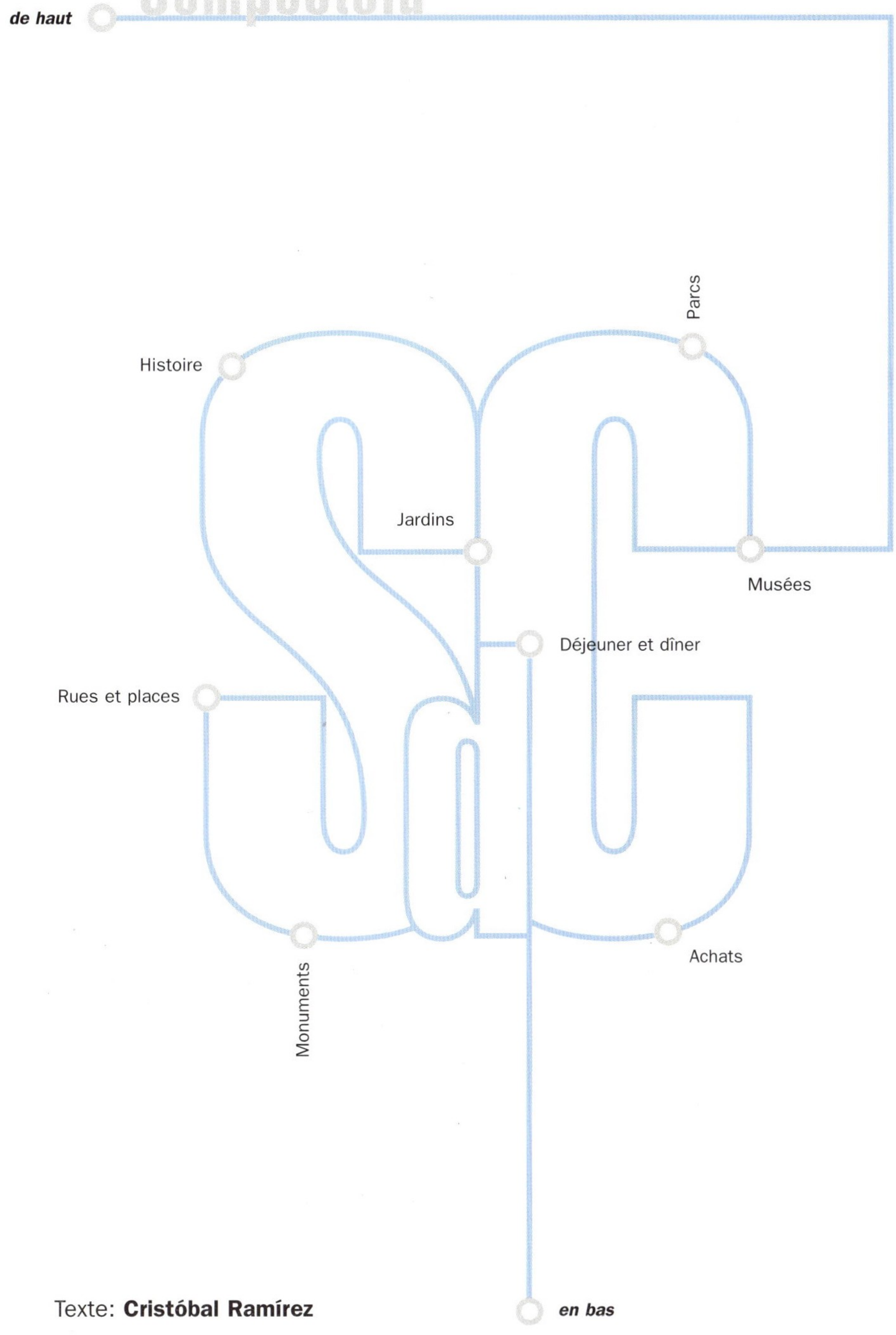

Texte: **Cristóbal Ramírez**

EDICIONES
Aldeasa

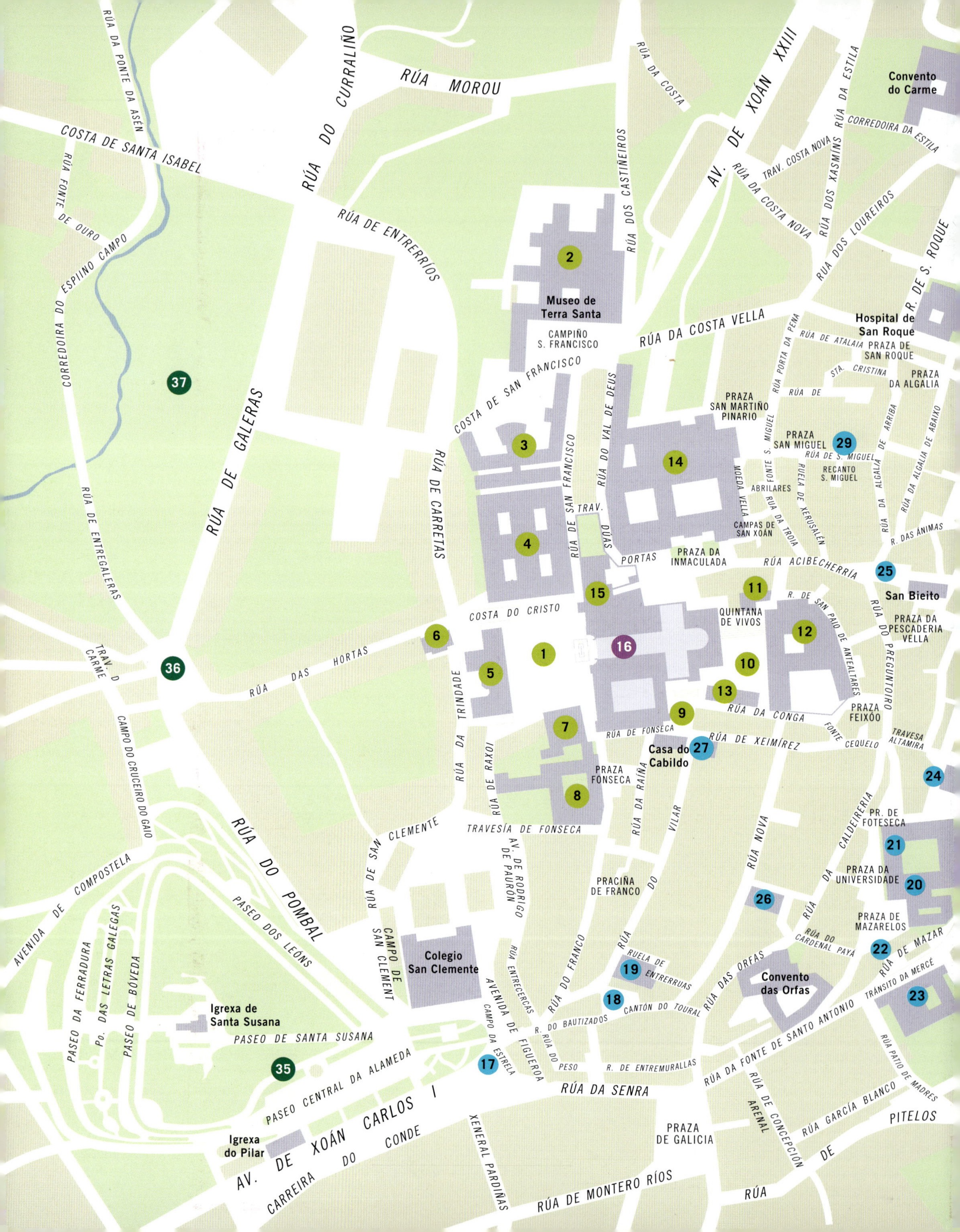

Convento do Carme
Museo de Terra Santa
Campiño S. Francisco
Hospital de San Roque
Praza de San Roque
Praza da Algalia
Praza San Martiño Pinario
Praza San Miguel
Recanto S. Miguel
Campas de San Xoán
Praza da Inmaculada
Quintana de Vivos
Praza da Pescadería Vella
San Bieito
Praza Feixóo
Casa do Cabildo
Praza Fonseca
Pr. de Fotesca
Praza da Universidade
Praza de Mazarelos
Praciña de Franco
Colegio San Clemente
Campo de San Clement
Convento das Orfas
Igrexa de Santa Susana
Igrexa do Pilar
Praza de Galicia
Rúa Morou
Rúa do Curraliño
Costa de Santa Isabel
Rúa Fonte de Ouro
Corredoira do Espiño Campo
Rúa da Ponte da Asén
Rúa de Entregaleras
Rúa de Galeras
Rúa de Entrerríos
Rúa dos Castiñeiros
Rúa da Costa
Av. de Xoán XXIII
Rúa da Estila
Corredoira da Estila
Trav. Costa Nova
Rúa dos Xasmíns
Rúa da Costa Nova
Rúa dos Loureiros
R. de S. Roque
Rúa da Costa Vella
Rúa de Atalaia
Rúa Porta da Pena
Sta. Cristina
Rúa de
Costa de San Francisco
Rúa de Carretas
Rúa de San Francisco
Rúa do Val de Deus
Trav. Dúas Portas
Fonte S. Miguel
Rúa de S. Miguel
Rúa da Algalia de Arriba
Rúa da Algalia de Abaixo
Moeda Vella
Abrilares
Rúa da Troia
Ruela de Xerusalén
R. das Ánimas
Rúa Acibechería
Costa do Cristo
R. de San Paio de Antealtares
Rúa do Preguntoiro
Trav. d Carme
Rúa das Hortas
Rúa da Trindade
Rúa da Conga
Rúa de Fonseca
Rúa de Xeimírez
Fonte Cequelo
Travesa Altamira
Campo do Cruceiro do Gaio
Rúa de Raxoi
Rúa da Raíña
Vilar
Rúa Nova
Rúa da Caldeirería
Travesía de Fonseca
Rúa de San Clemente
Av. de Rodrigo de Paurón
Rúa do Franco
Rúa do Cardenal Payá
Rúa de Mazar
Avenida de Compostela
Paseo dos Leóns
Rúa do Pombal
Paseo da Ferradura
Po. das Letras Galegas
Paseo de Bóveda
Paseo de Santa Susana
Paseo Central da Alameda
Ruela de Entrerrúas
Cantón do Toural
Rúa das Orfas
Rúa Entrecercas
Avenida de Figueroa
Campo da Estrela
R. do Bautizados
Rúa do Peso
R. de Entremurallas
Rúa da Fonte de Santo Antonio
Tránsito da Mercé
Rúa Patio de Madres
Rúa da Senra
Av. de Xoán Carlos I
Carreira do Conde
Xeneral Pardiñas
Rúa de Montero Ríos
Rúa de Concepción Arenal
Rúa García Blanco
Rúa de Pitelos
1
2
3
4
5
6
7
8
9
10
11
12
13
14
15
16
17
18
19
20
21
22
23
24
25
26
27
29
35
36
37

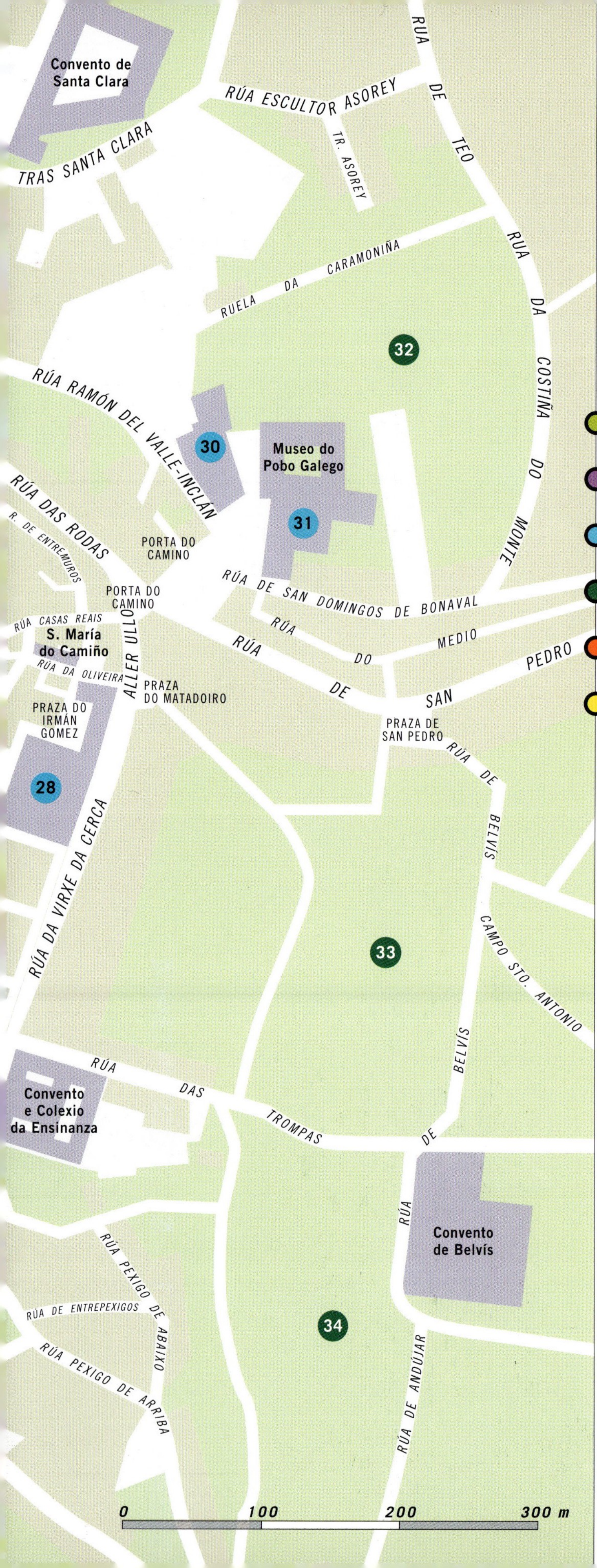

Santiago de Compostela

de haut en bas

---

1. Place de O Obradoiro
2. Couvent de San Francisco
3. Faculté de médecine
4. Hôpital des Rois Catholiques
5. Palais de Rajoy
6. Église de San Fructuoso
7. Collège de San Xerome
8. Collège de Fonseca
9. Place de Platerías
10. Place de A Quintana
11. Maison de la Treille
12. San Paio de Antealtares
13. Maison des Chanoines
14. San Martiño Pinario
15. Palacio Xelmírez
16. La Cathédrale
17. Porte Faxeira
18. Place O Toural
19. Manoir de Bendaña
20. Université
21. Église de la Compañía
22. Porte de Mazarelos
23. Couvent de las Mercenarias
24. Église de San Fiz de Solovio
25. Place de Cervantes
26. Temple de Santa María Salomé
27. Maison du Doyen
28. Couvent de San Agustin
29. Musée des Pèlerinages
30. Centre Galicien d'Art Contemporain
31. San Domingos de Bonaval
32. Parque de San Domingos de Bonaval
33. Parque de Belvís
34. La Alameda
35. Campo das Hortas
36. Jardín de Mosquera Pérez

Petite Histoire

Dans le Nouveau Testament, Santiago (saint Jacques) est l'un des douze apôtres, dit fils de Zébédée pour le distinguer d'un autre d'entre eux, saint Jacques fils de Alphée. Le nom vient de Sant Iago ou San Jacob. Iago vient du grec, Iacobos, nom que porte cet apôtre dans l'Ancien Testament. La racine pourrait être Iacob, en hébreu.

Selon la tradition, saint Jacques le Majeur, fils de Zébédée et de Salomé, prêcha en Galice où il fut persécuté. Décapité en Terre Sainte, une lettre du IXè siècle attribuée à un évêque de Jérusalem et connue comme «la pseudo épître de León » est la première référence littéraire au transfert de son corps en terre galicienne. Sept autres disciples voyageaient aussi dans la barque qui le transportait et que Dieu dirigea pendant sept jours jusqu'au Finisterre de la péninsule.

La tradition a transformé ce récit et la mémoire collective rapporte maintenant que ce périple dura une seule nuit, que les disciples n'étaient pas plus de deux, que la barque était granitique et qu'elle amarra près d'un rocher, le Pedrón, conservé dans la localité de Padrón, à vingt-et-un kilomètre au sud de Santiago (Saint-Jacques-De-Compostelle) et au bout de la ria d'Arousa.

Vue du centre historique depuis le monte Pedroso ▸

Le corps sera finalement enterré au IIIè siècle sur une colline boisée appelée Libredón et découvert au début du IXè siècle par un ermite qui vivait dans les environs du village de Solovio et que des étoiles guidèrent vers l'endroit. Le roi Alfonso II el Casto (Alphonse II le Chaste) y fit construire une église destinée à recueillir les dépouilles mortelles.

C'est là le commencement. Légende et réalité se donnent la main car il est certain que l'endroit désigné aujourd'hui par le toponyme Porta de Mámoa abrita un monument mégalithique daté du néolithique (une mámoa ou tumulus contenant vraisemblablement un dolmen). Postérieurement, dans les parages de ce qui se trouve être aujourd'hui le bâtiment principal de l'Université, fut construit un castro (ouvrage défensif), un hameau préhistorique fortifié qui, peut-être, connut et assimila la culture de l'Empire romain – de nombreux restes conservés de nos jours permettent d'affirmer que les Romains mêmes s'installèrent là. Rien de tout cela ne permet cependant d'assurer qu'une ville existait en ce lieu mais par contre il est sûr que des établissements humains s'y sont succédés depuis quatre mille ans.

Ce sont curieusement les attaques des Vikings dans la ria d'Arousa qui font considérer l'emplacement de la ville actuelle comme une position de défense sûre ; le bourg commence alors à croître autour du Locus Sanctus. C'est à dire autour d'un espace sans doute entouré de murailles et contenant l'église de saint Jacques, deux autres temples et la résidence des autorités religieuses. Les donations des monarques successifs permettent à l'agglomération de croître graduellement. Jusqu'en 997, date à laquelle Almanzor saccage le lieu, précédemment abandonné par ses habitants terrorisés. Respectueux, le redoutable chef arabe donne l'ordre de ne point toucher à la tombe de saint Jacques. En revanche, les autres bâtiments sont littéralement rasés.

La ville connaît son premier âge d'or avec Diego Xelmírez au tournant du XIè siècle. Très habile, il sut donner caractère et puissance à la ville qui devint non seulement un important centre religieux et culturel de la Galice mais aussi de toute l'Europe, rival en quelque sorte de Rome. Xelmírez obtint d'être nommé archevêque en 1100, le premier de Compostelle. La première Année Sainte de Compostelle est célébrée en 1182, et la cathédrale est consacrée en 1211.

L'Université naît au commencement du XVIè siècle, à une époque paisible et féconde : Saint-Jacques croît et son pouvoir augmente chaque fois plus, s'appuyant non seule-

Cathédrale depuis la Praza da Inmaculada ▸

ment sur la religion mais aussi sur l'enseignement, ce qui favorise l'activité du commerce et la prospérité artisanale. L'actuel centre historique prend corps à cette époque puis est amélioré au XVIIIè siècle, autant ses bâtiments que son agencement urbanistique.

A la fin du XIXè siècle, la redécouverte du sépulcre de saint Jacques qui avait été caché au XVIè pour empêcher le pirate anglais sir Francis Drake de s'en emparer relance les pèlerinages en régression depuis Luther. Le cours de cette tradition millénaire reprend une vigueur historique à partir des années soixante, en particulier en 1993 et les années suivantes. Trente cinq millions de personnes ont fait le pèlerinage à Saint-Jacques le siècle dernier.

D'un point de vue urbanistique, la dictature de 1939-75 a vu la ville croître vers ce qui est aujourd'hui dénommé l'Ensanche, un ensemble de rues droites et parfois perpendiculaires, convergeant certaines d'entre elles vers la Praxa Roxa.

Saint-Jacques-De-Compostelle renaît lors de l'avènement de la démocratie : elle est élue capitale de la Galice et sa croissance n'est rien d'autre que spectaculaire. Les pouvoirs exécutifs (la Xunta) et législatif (el Parlamento) de la Comunidad Autonoma (la Région) s'y installent ainsi que d'autres organismes nouvellement créés. Un conseil municipal politiquement stable dominés par le consensus institutionnel et le débat serein ont consolidé le développement urbanistique dans trois directions : amélioration des infrastructures d'accès (réforme de l'aéroport, construction et agrandissement des routes d'entrée dans la ville...), développement de nouveaux quartiers et restauration impeccable du centre historique, prise en modèle par d'autres villes historiques.

Torre de la Vela ▸

Place do Obradoiro

Le centre historique de Saint-Jacques, la grande attraction de Compostelle, au cœur de l'histoire de la Galice, est un labyrinthe. Des rues larges et étroites, dans un sens et dans l'autre, sans issue ou coupées par des diagonales. Un galimatias, un rébus. Sans aucun doute, si l'on dispose de suffisamment de temps, il est recommandé de partir à la découverte de chaque recoin, de se laisser conduire par son flair qui détectera de vénérables tavernes ou par la lumière étincelante des galeries. Mais cela n'est pas toujours possible et il faut se limiter. Si l'on est contraint de choisir, la plaza de O Obradoiro et ses environs constituent le point de départ.

Couvent de Saint Francisco

On accède habituellement à la place par le nord où se trouve un parking dont les plates-formes de débarquement pour autobus reçoivent chaque jour des milliers de personnes. Les limites du vieux quartier sont constituées ici par **l'iglesia** (église)et le **convento de San Francisco**, produits de la splendeur du baroque. Les Franciscains sont à Saint-Jacques depuis longtemps : peu après que saint François en

Praza do Obradoiro, fachada de la catedral ▸

personne visita la ville en 1214. L'aspect éclectique de la construction est dû à de continuelles transformations. Le cloître nord est construit en 1630, quelques décennies plus tard, c'est le tour de la capilla de la Orden Tercera (chapelle du Tiers Ordre) de Domingo de Andrade, de la bibliothèque, de l'infirmerie, du bâtiment du noviciat et de la salle capitulaire. Le réfectoire date de 1726 et des années suivantes, et l'église conventuelle est achevée en 1787. Quelques arcs gothiques ont été laissés sur pied, témoignant de l'emplacement de la salle capitulaire où Carlos I de España et V de Alemania (Charles Ier d'Espagne et V d'Allemagne – Charles Quint) convoqua en 1520 les États Généraux. Évidemment, les premiers moments sont à rechercher plus loin dans le passé ; c'est un bourgeois à la situation économique enviable qui subventionna la construction du premier édifice. Curieusement, ce bourgeois est passé à l'histoire comme un charbonnier qui vivait dans la pauvreté. Quoi qu'il en soit, il est enterré dans l'église où l'on remarque son tombeau.

La rue est large, bordée à gauche par des maisons du XIXè siècle, basses, et à droite par une énorme masse. Il s'agit de la **Facultad de Medicina** (Faculté de Médecine) dont les murs rejoignent presque ceux d'un autre édifice tout simplement colossal : l'Hostal dos Reis Católicos dont l'angle marque le début de la plaza de O Obradoiro qui contrairement à ce que l'on pense n'est pas carrée : elle mesure 110 mètres de long sur 70 m de large.

Hôpital des Rois Catholiques

Si **l'Hostal** mérite aujourd'hui de faire partie de l'élite des hôtels de luxe, ses débuts furent cependant plus modestes. Il s'agit d'un édifice de la Renaissance avec des éléments baroques dont la construction fut commandée par les Rois Catholiques, après leur visite à Saint-Jacques, et financée par les tributs du royaume de Grenade. Il était destiné à accueillir les pauvres, les malades, les pèlerins ; son nom était Hôpital Royal. Conçu par les architectes Antonio et Enrique Egas, ce dernier s'inspira de l'hôpital de Milan (Italie). Les deux patios de devant furent refaits par Gil de Ontañon au XVIè siècle alors que ceux de derrière ne virent le jour que deux cents ans plus tard. La façade principale, de 1519, constitue un des plus bels exemples du plateresque d'Espagne.

Convento de San Francisco (en haut) ▸
Hostal dos Reis Católicos (en bas)
Convento de San Francisco (page 13, en haut) ▸
Hostal dos Reis Católicos,cloître (page 13, en bas)

PASTELERIA LA PERLA

Palais de Rajoy

Si l'un des côtés de la place est animé par la cathédrale, celui contigu par l'Hostal dos Reis Católicos, le troisième côté est occupé par le palais que fit construire l'archevêque Bartolomé de Rajoy y Losada sur les anciennes murailles de la ville. Cela ne lui fut pas sans peine car il dut affronter en procès la mairie et l'administrateur de l'Hôpital Royal. L'empreinte du néoclassique, son équilibre, son élégance et son austérité ornemental, ne fait point de doute. Il ne reste qu'à remonter en 1766 pour connaître ses origines comme résidence des enfants de chœur de la cathédrale, séminaire des confesseurs, hôtel de ville (il l'est toujours) et, très curieusement, prison: la police municipale actuelle détient, dans la partie arrière, ses geôles. Autre fait surprenant, son concepteur n'était ni galicien ni du reste de l'Espagne mais français: l'ingénieur militaire Charles Lemaur qui le marqua du goût et des tendances qui régnaient alors dans son pays. Le palais de Rajoy fit ainsi à ses débuts note architectonique discordante dans Compostelle mais il s'adapta rapidement à la physionomie urbaine. On peut voir la bataille de Clavijo sur le fronton, et à l'intérieur, le buste de l'archevêque avec sa devise : « vivre comme si nous devions mourir ce soir même, travailler comme si devions vivre éternellement dans ce monde ». Son activité prolifique fait penser que le prélat appliqua ce précepte rigoureusement.

Entre l'Hostal et l'Ayuntamiento (la mairie), mais un peu en retrait, se trouve **l'iglesia de San Fructuoso** (église de Saint Fructuoso) de 1754, qui en remplaça une autre plus modeste du XVIè, dénommée église de la Vera Cruz. Le portail de San Fructuoso est couronné des quatre couleurs du jeu de cartes espagnol : les ors, les coupes, les épées et les bâtons. Il s'agit évidemment d'une affirmation populaire qui ne correspond pas à la stricte réalité mais des millions de visiteurs le voient et le transmettent ainsi. Il s'agit en fait des quatre vertus cardinales : la Prudence, la Justice, le Courage et la Tempérance. À l'intérieur, plan de croix grecque : les deux axes ont la même dimension.

Collège de Saint Jérome

Le dernier côté de la place est occupé par le **colegio de San Xerome**, un bâtiment qui accueillit tant d'entités qu'il pourrait être qualifié « à usages multiples ». C'est maintenant le siège du rectorat de l'Université de Compostelle. À ses débuts, le colegio de San Xerome était l'Hospital Viejo (le Vieil Hôpital) et il accueillait la Facultad

Le palacio de Xelmírez fut reconstruit à la fin du XIIè. L'antérieur, situé sur un emplacement proche, fut complètement détruit en 1117 par une foule furieuse contre le prélat. Modifié par la suite, les éléments d'origine ne sont pas repérables. Le réfectoire de l'intérieur, une œuvre postérieure décorée de scènes de type historique, est remarquable.

Arc du palacio de Xelmírez (en haut) ▲
Palacio Xelmírez (en bas)
Palacio de Rajoy (en haut) ▶
Iglesia de San Fructuoso (en bas)

Menor de Artes (la Petite Faculté des Arts) ; son emplacement était autre : le quartier de Azabachería. Saint Martiño Pinario acquit l'édifice et le centre d'études fut transféré au milieu du XVIè siècle à O Obradoiro. Le portail de l'ancien édifice, en roman gothique tardif car bâti entre 1490 et 1500, fut reconstruit pierre par pierre. Le cloître est de la Renaissance.

Quasiment collé à Saint Jérôme se trouve le **colegio de Fonseca** ou de **Santiago Alfeo**, sans doute le plus célèbre de l'histoire estudiantine de Compostelle. Il fut fondé par Alonso de Fonseca III pour être consacré à l'enseignement universitaire. La tour est du XVIIIè siècle et le portail de la Renaissance. Au centre de son cloître se dresse une statue moderne qui représente Alonso de Fonseca III. À la fin du XXè siècle, il hébergea durant une longue période le Parlement autonome de la Galice.

Place des Orfèvreries

Sans s'aventurer dans les rues pavées de granit qui demandent à être visitées, afin de se limiter à O Obradoiro et ses environs, il nous faut longer la cathédrale. On arrive ainsi à la **Praza das Praterías**, plus petite que l'antérieure mais avec une charmante **fuente de los Caballos** (fontaine des Chevaux) en son centre. Un défi estudiantin très ancien

Colegio de Fonseca et son cloître (en haut) ▲
Colegio de San Xerome (en bas)
Portail du collège de San Xerome, aujourd'hui rectorat ▶

enjoint au nouvel étudiant de mettre à l'épreuve sa résistance en montant deux par deux les escaliers qui mènent à la cathédrale, défi toujours accepté et toujours perdu : le nombre de marches est impair. Bizutage à part, la place tire son nom des nombreux orfèvres qui y travaillaient et y travaillent de nos jours encore. À côté se trouve la Casa do Cabildo, fermant Praterías, de type ornemental et baroque du XVIIè siècle.

A Quintana

Plus haut s'ouvre une autre place, qui se divise en deux niveaux : **A Quitana de Vivos** (le niveau supérieur) et **A Quintana dos Mortos** (le niveau inférieur), les deux sont réunis par un grand escalier (nombre impair de marches, d'où un nouveau bizutage) devenu lieu de rencontre de la jeunesse, surtout les jours ensoleillés. Le visiteur foule l'ancien cimetière de la ville et se trouve sur une place dominée par le baroque. On remarque dans sa partie supérieure la Casa da Parra (Maison de la Treille) construite alors que le XVIIè attaquait sa dernière ligne droite. A Quintana est depuis toujours un lieu de rassemblements tant politiques que religieux et festifs. C'est là que les étudiants de l'Université qui se regroupèrent dans le Bataillon Littéraire jurèrent de lutter jus-

Praza das Praterías. Fachada de la catedral ▸

Fuente de los Caballos ▾

qu'à la mort contre les troupes napoléoniennes et s'en allèrent les combattre sous le commandement du marquis de Ribadulla, quand le calendrier marquait l'année 1808. Le marquis fut déclaré docteur honoris causa par toutes les facultés et fut nommé colonel. Les membres du Bataillon Littéraire versèrent leur sang à Lugo et à Pontesampaio, ainsi qu'à l'extérieur de la Galice.

Saint Paio de Antealtares

On mit la bagatelle de 45 ans à construire le grand mur qui ferme la plaza de A Quintana et qui appartient au monasterio de **San Paio de Antealtares**, un monastère féminin datant de 830 mais modifié à plus d'une reprise à partir de la fin du XVIè s. En 1599, on trace les limites du périmètre du futur monastère et on en construit l'enceinte. En 1700, on pose la première pierre de la nouvelle église cénobitique, dont la coupole doit être refaite presque cent ans plus tard. La plaza de A Quintana est fermée dans sa partie inférieure par la **casa de los Canónigos** ou **casa de la Conga** (maison des Chanoines ou maison de la Conga), du XVIIIè siècle, avec une galerie à arcades constituées de douze éléments répartis en quatre groupes. Ce fut la résidence des chanoines de la cathédrale. Remarquez ses cheminées.

A Quintana ▸

Iglesia de San Paio (en haut) ▾

Casa da Parra (en bas)

Saint Martiño Pinario

En continuant de contourner la cathédrale le long des absides extérieures on rejoint un autre grand espace. À gauche, la **fachada de Acibechería** (façade de Acibechería). En face, San Martiño Pinario, qui fut le monastère le plus puissant de la Galice, ce à quoi contribuèrent les Rois Catholiques en le rattachant à la Congrégation de Valladolid, en 1493. À la suite de cette décision le poids de **San Martiño Pinario** ne fit qu'augmenter ; l'ensemble voit la réalisation de nouveaux travaux à partir du XVIè, pour l'église en particulier. Ce n'est que justice de citer el claustro de las Procesiones (cloître des Processions), de 1636 quoique retouché en 1747, sans dédaigner non plus le second cloître, celui de las Oficinas (des Offices). Une curiosité de plus : pour mener à bien les travaux qui allaient moderniser et donner de la splendeur au bâtiment, la communauté religieuse dut conclure un accord avec le chapitre de la cathédrale après un procès long de quatre ans : la jalousie de ce dernier fut de notoriété publique.

En descendant par le petit passage médiéval sonore, puis en passant sous un arc, on retourne à O Obradoiro.

Praza da Inmaculada (en haut), San Martiño Pinario (en bas) ▲

Cloître San Martiño Pinario (en haut) ▶

Choeur San Martiño Pinario (en bas)

Page 24, Acibechería

CALLE

La cathédrale

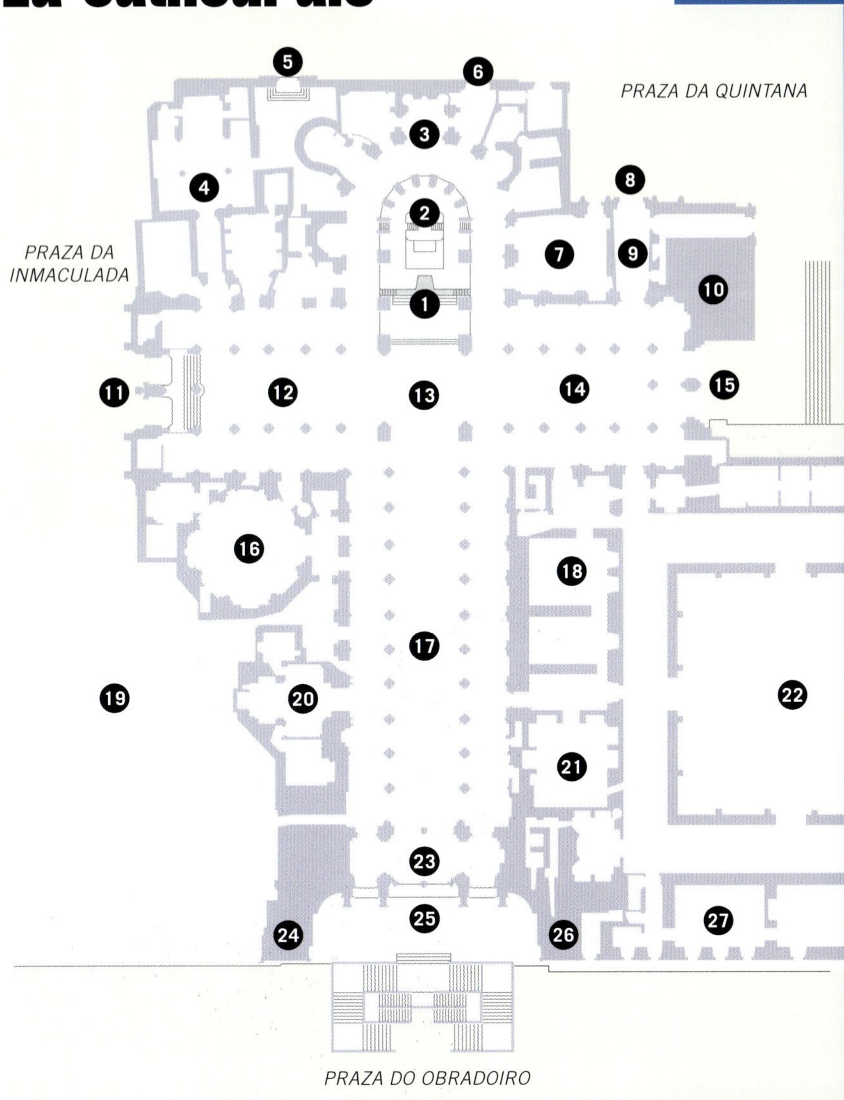

1. Crypte de l'Apôtre
2. Capilla Mayor
3. Capilla del Salvador
4. Capilla de A Corticela
5. Puerta de Abades
6. Puerta Santa
7. Capilla del Pilar
8. Puerta Real
9. Boutique
10. Tour del Reloj
11. Fachada de la Acibechería
12. Nef du transept (Acibechería)
13. Ciborium (Botafumeiro)
14. Nef du transept (Praterías)
15. Puerta de Praterías
16. Capilla de la Comunión
17. Nef centrale
18. Sacristie
19. Archerêché
20. Capilla del Cristo de Burgos
21. Capilla de las Reliquias
22. Claustro
23. Pórtico de la Gloria
24. Torre de la Carraca
25. Fachada do Obradoiro
26. Torre de las Campanas
27. Museo

Praza do Obradoiro ▸

La cathédrale de Santiago était et est encore le but du pèlerin en particulier et du visiteur en général. Mais c'est le premier des deux qui lui donne son caractère, sa raison d'être. Quand le voyageur à pied, l'âme fervente et le corps fatigué se dirigeait vers les murailles qui, jusqu'au XIXè siècle, enserraient le puissant bourg, il entrait par une des sept portes, celle de O Camiño, aujourd'hui disparue bien que son toponyme soit resté. Il laissait sur sa droite **l'iglesia de San Domingos de Bonaval** (église de Saint Dominique de Bonaval - baroque du XVIIè sur une construction gothique) ; on y trouve le Pantón de Galegos Ilustres (Panthéon des Galiciens Illustres) et un bâtiment conventuel aujourd'hui **Museo do Pobo Galego** (Musée du Peuple Galicien). Il s'agit d'un centre ethnographique avec comme collections de référence, celle des embarcations anciennes et celle des costumes traditionnels. C'est donc un musée chargé de conserver pour le futur la Galice maritime, paysanne et artisanale d'autrefois. Dans cet ensemble se distingue un triple escalier en spirale complexe, sans comparaison, œuvre de Domingo de Andrade, du XVIIIè siècle.

À ses côtés, un édifice moderne (1993) aux lignes droites, œuvre de l'architecte portugais Álvaro Siza, annonce l'originalité de son contenu. Il s'agit du **Centro Galego da Arte Contemporánea** (Centre Galicien d'Art Contemporain) qui est destiné à la divulgation des avant-gardes artistiques par le biais d'expositions et de manifestations diverses.

Laissant en arrière ces deux musées, on monte par **Casas Reais**, une rue pentue, courte, irrégulière pour ensuite descendre la colline et se retrouver devant la cathédrale.

La cathédrale de Santiago est à elle seule un parcours. Non pas un parcours initiatique, question celle-ci plus problématique, mais un parcours réel, que quiconque peut réaliser, en quelques heures ou en une journée, en fonction de son intérêt. Encastré dans le centre historique, culturel et touristique de la ville, ce temple dont la visite s'impose quand on se trouve à Santiago est le fruit d'un travail millénaire avec une grande superposition de styles.

Sur une nécropole de 182 tombes

Ainsi que l'ont révélé les fouilles archéologiques menées en 1946, la cathédrale fut construite sur une nécropole d'au moins 182 tombes de l'époque romaine qui s'étend jusqu'à la proche **Praza da Quintana** où se trouve la **Puerta Santa** (Porte Sainte). Au centre de cimetière se trouvait la tombe de l'Apôtre, un mausolée datant du Ier ou IIè s. Les Suèves et les Wisigoths ont aussi laissé leur empreinte sur ce lieu.

Pórtico de la Gloria ▸

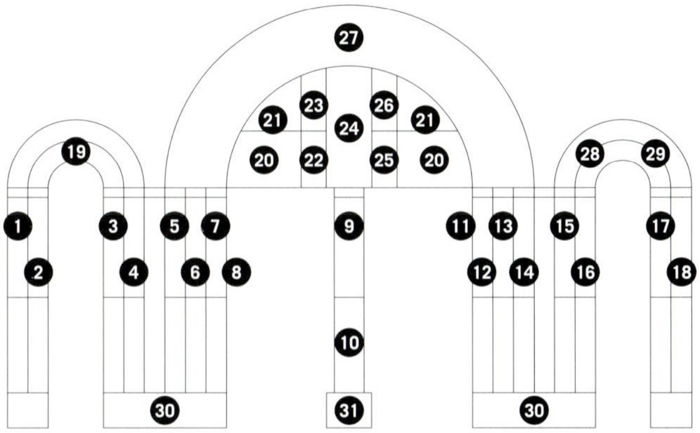

1. Joël
2. Osée
3. Ézéchiel
4. Bacu
5. Jérémie
6. Daniel
7. Isaïe
8. Moïse
9. Apôtre Saint Jacques
10. Colonne Christologique
11. Saint Pierre
12. Saint Paul
13. Saint Jacques
14. Saint Jean
15. Saint André
16. Saint Mathieu

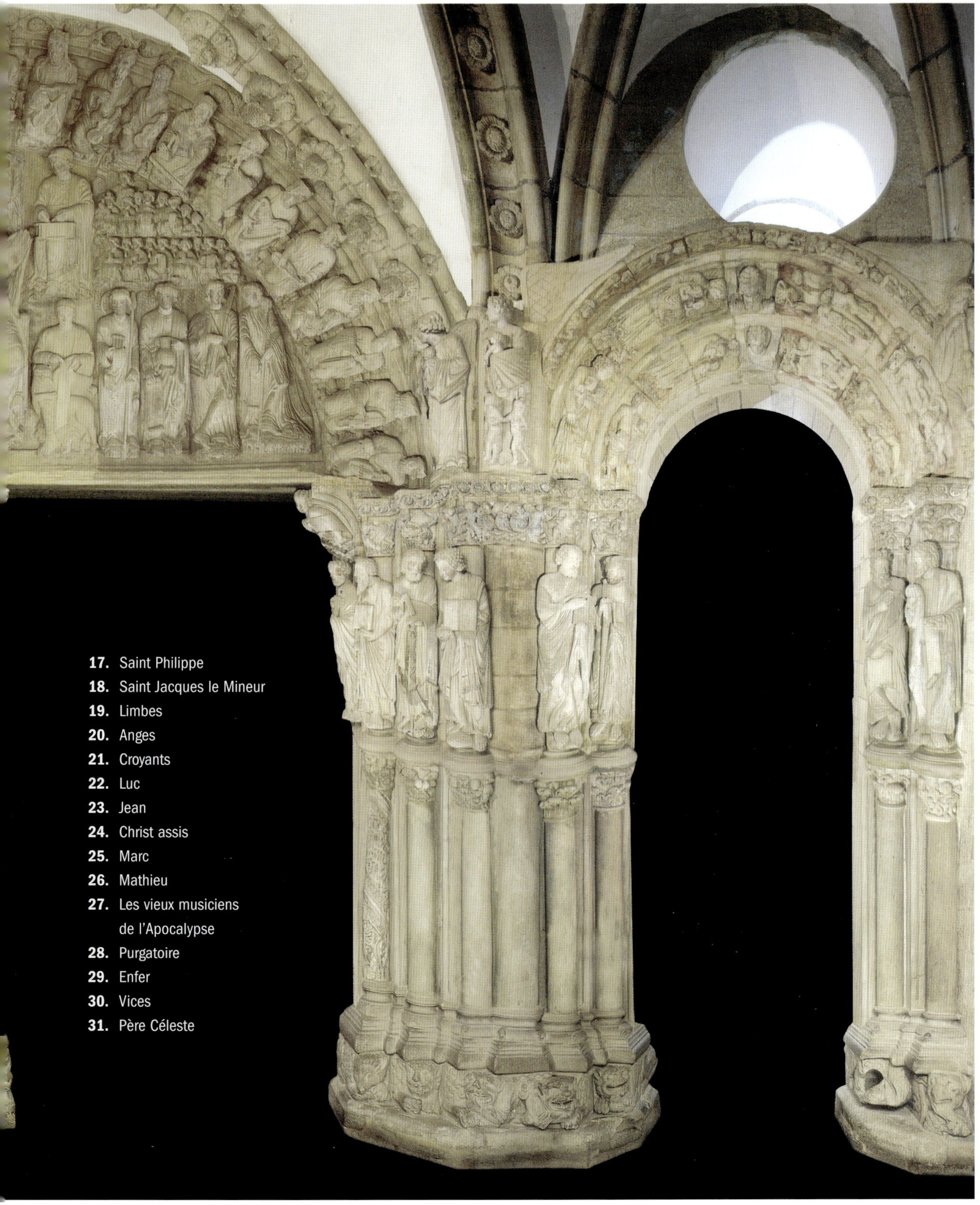

17. Saint Philippe
18. Saint Jacques le Mineur
19. Limbes
20. Anges
21. Croyants
22. Luc
23. Jean
24. Christ assis
25. Marc
26. Mathieu
27. Les vieux musiciens de l'Apocalypse
28. Purgatoire
29. Enfer
30. Vices
31. Père Céleste

La construction de l'édifice actuel débuta en 1075 ou 1078, en plein essor du roman, et peu à peu y furent ajoutés des éléments parfois aussi importants pour l'art mondial que le **Pórtico de la Gloria** (Portique de la Gloire) édifié vers 1188.

Le parcours commence, il va de soi, **plaza del Obradoiro**. Certes, il existe trois autres entrées (**Acibechería**, **Platerías** et la **Puerta Santa** - cette dernière ouverte seulement les années saintes), mais la majorité des visiteurs, des millions au cours de l'année, pénètrent dans la cathédrale par sa façade principale, celle de l'Obradoiro. En outre, ils le font implicitement avec une certaine pénitence car il leur faut monter un escalier long et raide, en granit, pour atteindre une des humbles portes faisant office de vestibule à un espace étroit dominé par la majesté du Pórtico de la Gloria.

Le rite du Pórtico de la Gloria a perdu dernièrement de sa force. En effet, la coutume de poser la main sur le pilier central - le meneau – où se trouve représenté le mystère

Conformément à un rite très ancien, la Puerta Santa est ouverte le 31 décembre de l'année précédant l'Año Santo (l'Année Sainte). Les Années Saintes sont celles où le 25 juillet, fête de Santiago (et Jour National de la Galice) tombe un dimanche. Cela advient selon la cadence suivante : 6, 5, 6 et 11 ans. Donc, au XXIè s., après l'Année Sainte de 2004, il y aura les années 2010, 2021, 2027, 2032, 2038, 2049, 2055, 2060, 2066, 2077, 2083, 2088 et 2094.

Puerta Santa (en haut) ▲
Santiago pèlerin (abajo)
Acibechería ▶

de l'Incarnation est aujourd'hui réalisée d'infinies manières (en posant seulement un doigt ou la main jointe ou encore l'index et l'auriculaire...) et celle de toucher avec son front celui du Santo dos Croques qui se trouve juste sur la partie postérieure de ce pilier est effectuée de façons si variées que l'on touche en fin de compte n'importe quelle image voisine.

La configuration du temple

Une fois le rite accompli, il convient de jeter un regard d'ensemble. Nous avons là un temple au plan de croix latine. C'est à dire, un bras à trois nefs qui croise en un point déterminé un autre bras plus court à trois nefs également. Les dimensions sont de 100 mètres (97 à l'intérieur) sur 70 (65 à l'intérieur). Au fond, encadré par les tuyaux de l'orgue, se dresse le maître-autel, ouvrage qui en remplaça un autre du XIIè s. modifié au XVè et au XVIè s. L'actuel fut projeté en 1658 et ses artisans mirent non moins de cent dix-neuf ans pour l'achever. L'autel fut levé en 1879 quand commencèrent les excavations destinées à localiser de nouveau les reliques égarées de l'apôtre Santiago. Elles avaient en effet été cachées au XVIè s. de crainte que l'attaque imminente du pirate Francis

Salle capitulaire (en haut) ▲
Bibliothèque (en bas)
Maître-autel ▶

Drake, élevé à la catégorie de « sir » dans son pays, n'engendre leur destruction ou vol.

Parcourons sans hâte la nef latérale droite. À gauche se succèdent les piliers de quatre colonnes soutenant les voûtes, avec au-dessus le triforium dont l'accès n'est pas autorisé. À droite se découvre une salle qui invite à visiter le **museo catedralicio** (musée de la cathédrale), un musée divisé en quatre niveaux. Le premier et le second, sont consacrés à l'archéologie ; la liste des objets y est longue, et quitte à recommander, il vaut la peine de s'arrêter devant le **tímpano de la Adoración** (tympan de l'Adoration, XIVè s.) et devant **Santiago sedente** (Saint Jacques assis, XIIIè s.). Le troisième niveau du musée héberge la **biblioteca** (bibliothèque) et la **sala capitular** (salle capitulaire) qui a déjà deux cent cinquante ans, et le quatrième niveau, une collection magnifique de tapisseries distribuées dans cinq espaces, l'un d'eux consacré exclusivement à Francisco de Goya.

C'est dans cette partie que s'étend le **claustro** (cloître), rectangulaire et de 45 mètres de long. Constituant le troisième que la basilique a possédé, il est situé à l'emplacement des deux autres précédents et date de 1534. On y remarque les fines décorations de dentelle de pierre dans la partie supérieure des arcs.

Corps de Santiago dans le char à boeufs de la reine Lupa (en haut) ▲
Miniature (en bas)
Cloître ▶

Les deux fonctions du botafumeiro

De retour à la nef latérale, celle-ci nous conduit au transept. Avec un peu de chance, il est possible de voir fonctionner le **botafumeiro** (encensoir) se balançant d'un côté à l'autre de la petite nef qui donne sur la fachada de Platerías (portail des Orfèvres), une fois dépassée la sacristie non accessible au public. Le botafumeiro est un encensoir en métal argenté qui date de 1851 et qui a succédé à d'autres fonctionnant depuis le XIVè s. Il existe deux théories expliquant son existence et il est probable que les deux sont vraies. D'une part, le botafumeiro avait et a toujours la fonction d'imprimer solemnité et prestige à certaines cérémonies et visites importantes. D'autre part, il répand une odeur pénétrante dans un espace continuellement visité et où des milliers de pèlerins dont l'hygiène laissait beaucoup à désirer passèrent la nuit des siècles durant.

Les chapelles de l'abside sont variées, et deux d'entre elles s'écartent sur la **Puerta Santa** (Porte Sainte). En rejoignant le transept, une double entrée invite à s'approcher de l'Apôtre. La première d'entre elles mène par des marches ascendantes à **l'image de Santiago** qui domine le maître-autel ; la coutume et la tradition veulent que soit embrassé le saint. La deuxième

Botafumeiro (en haut) ▲
Puerta Santa (en bas)
Botafumeiro ▶
Urne conservant les restes de l'Apôtre

entrée descend à la crypte par des marches neuves remplaçant depuis 2003 celles qu'avaient foulées les 35 millions de pèlerins qui se rendèrent à Santiago lors des années saintes du XXè siècle. La crypte contient l'**arca Marmórea** (le coffre Marmoréen), un coffre en argent placé sur un autel et qui renferme les restes de celui qui fut un des douze disciples préférés de Jésus Christ. Y reposent aussi les restes des disciples de Santiago, Athanase et Théodore.

La chapelle de A Corticela

En franchissant soit par le haut soit par le bas maître-autel, on revient vers la partie de Platerías, ce qui nous fait repasser devant les chapelles absidales, pour nous diriger vers la chapelle ouverte au fond de la nef à droite. C'est la plus vieille du temple, romane, paroissiale. **A Corticela** existe depuis au moins le IXè s. alors qu'elle était l'oratoire d'une communauté bénédictine. Cependant, l'œuvre que l'on admire aujourd'hui n'a pas plus de neuf cents ans. Le portail roman de l'entrée attire l'attention par une remarquable représentation de l'Adoration des Rois sur son tympan.

De retour à l'intérieur même de la cathédrale, avant de tourner à droite dans le bras principal, il est recommandé de s'arrêter devant une image très connue : **Santiago Matamoros** (saint Jacques Matamore) représentant l'Apôtre sur un coursier blanc, l'épée au poing, châtiant durement les Maures. C'est une œuvre du XVIIIè s.

Ensuite se trouve la **capilla de la Comunión** (chapelle de la Communion), dont l'accès est restreint, de même qu'est fermée une porte à barreaux qui permet de descendre à la crypte. Cette chapelle, que les livres et la langue familière désignent comme celle de « de Don Lope » et « du Sacré-Cœur », date des années quatre-vingts du XVIIIè s. et ressemble à une rotonde ; une rotonde conçue dans un style néoclassique des plus sobres. Elle fut construite sur une autre datant de 1451 financée par l'archevêque Lope de Mendoza.

La visite de la cathédrale terminée, on revient sur ses pas, on descend les marches de l'Obradoiro pour trouver une porte en verre qui introduit à la dénommée, incorrectement, **Catedral Vieja** (Vieille Cathédrale), une construction qui date du XIIè siècle. Il s'agit d'un temple sur lequel fut élevé le Pórtico de la Gloria, au plan de croix latine.

Capilla de A Corticela ▸
La Catedral Vieja (en haut) ▾
Toîts de la cathédrale (en bas)

Curiosité: il est possible de monter sur les toîts de la cathédrale et de s'y promener mais il faut une autorisation spéciale, de même que pour parcourir le triforium qui longe le haut des nefs latérales.

Itinéraire du

Centre Historique

Le centre historique de Santiago s'est constitué autour du lieu, sur une colline, que des étoiles indiquèrent un jour comme celui renfermant la sépulture du corps d'un des douze apôtres élus par Jésus Christ. Autrement dit, autour de la cathédrale construite près de cet endroit. À l'abri d'une solide enceinte de murailles, la ville connut un développement urbain tranquille et remarquable, sous l'impulsion des avantages de tous types qu'elle obtenait, et surtout, de ses autorités chaque jour plus puissantes.

Depuis la porte principale du temple, depuis la place de O Obradoiro, il faut prendre à gauche, laisser San Xerome et le colegio de Fonseca à droite, et s'incorporer dans une rue très étroite et depuis toujours remplie de bars. C'est le quartier Franco, dénommé ainsi non en raison du Galicien qui fut chef d'État pendant quatre décennies du XXè s. (contrairement à ce que pensent beaucoup) mais parce que c'était le lieu de rencontre des pèlerins francos (français) qui se comptaient par dizaines de mille. Certes, ce gentilé englobait aussi les pèlerins d'autres pays, voisins de la France.

Le Franco a toujours été un lieu de rencontre, de promenade, de pause pour prendre un verre de vin de O

Praza de Cervantes ▸

Ribeiro. Jusqu'à la fin des années soixante-dix du siècle dernier, c'était aussi le quartier de sortie des étudiants. De nos jours, ceux-ci préfèrent la partie récente de la ville et le Franco est laissé aux étrangers. Au bout de la rue se trouve la **Porta Faxeira** et, juste en face, la **Alameda**. Il faut alors tourner à gauche pour rejoindre en une minute une petite place, très ancienne, très appréciée des habitants de Compostelle et qui sert d'espace distributeur du centre historique : **O Toural**, place des foires aux bestiaux au XVè s. On y remarque le **pazo** (manoir) **de Bendaña**, siège d'une fondation très active : la Granell, qui rassemble et fait connaître le legs de cet activiste, écrivain et peintre surréaliste. Le pazo de Bendaña est un exemple de ce qui se faisait au XVIIè s.

L'itinéraire continue au bout et à gauche par une rue ascendente et étroite qui se termine plaza de Cervantes et qui reçoit trois noms : **Orfas**, **Calderería** et **Preguntoiro**. Touristique mais sans excès, elle contient de vénérables boutiques, très petites. Dans la rue Orfas (Orphelines en galicien) se trouve le collège qui lui donne son nom, car il fut créé pour recueillir les jeunes orphelines. L'église date de 1664 et le bloc principal a été transformé après 1714.

En prenant la première rue à droite, la Cardenal Payá, on arrive à l'**Université**. À Santiago, lorsqu'on se réfère à

Porta Faxeiras (en haut) ▲
Rúa do Franco (en bas)
Praza do Toural ▶

SANIA GALEGA
ARTESANIA GALEGA

l'Université, ce n'est pas à un ensemble de bâtiments constituant une institution de plus de cinq cents ans que l'on pense mais à un seul bâtiment qui accueille quelques disciplines très déterminées. Elle fut construite sur un terrain appartenant aux Jésuites jusqu'à leur expulsion dans la deuxième moitié du XVIIIè s. D'un style néoclassique de la fin de ce même siècle, elle avait au départ deux étages auxquels fut ajouté un troisième vers 1900. Tout contre cette masse de pierre se dresse l'**iglesia de la Compañia** (église de la Compagnie) qui rappelle que les Jésuites s'installèrent dans la ville en 1543. Le temple fut modifié entre 1648 et 1673, avec une tour de 1719 dont l'architecte n'est pas dénommé dans les documents historiques.

Tout cet ensemble se situe à quelques pas de la **porte** médiévale **de Mazarelos**, la seule qui échappa à la destruction de la muraille au XIXè s. Le visiteur qui la franchit se retrouve alors en dehors des murs d'antan, dans une large rue qui ceinturait les murailles disparues. Sur sa droite, le **convento** (couvent) **de las Mercedarias**, énième œuvre baroque locale, date de 1671 et son temple de peu après. À gauche, le **convento y colegio de la Enseñanza** (couvent et collège de l'Enseignement), d'un néoclassique de la fin du XVIIIè, début du XIXè, recevait à l'origine les femmes de la bonne société et de sang noble. L'archevêque Bartolomé Rajoy y Losada, grand bienfaiteur de la ville, en est le fondateur.

De retour par la porte de Mazarelos, sur la plaza del Castro (place du Castrum), lieu où se trouvait un hameau préhistorique, se dresse une statue commémorant non sans raison la figure de Alfonso II el Casto. En effet, en 813, un ermite dénommé Paio vit des lumières dans le ciel. Teodomiro, l'évêque de Iria Flavia (à côté de Padrón) se rendit sur les lieux ainsi indiqués et l'on y découvrit les restes supposés de l'apôtre Santiago. On avisa le monarque qui vint à la future Santiago. C'était Alfonso II el Casto ; il commanda la construction d'une église pour accueillir le corps de ce disciple comptant parmi les douze préférés de Jésus Christ.

À une centaine de mètres est ancrée, immobile et silencieuse, une des énigmes de la ville : qui, et pourquoi, fit édifier cette petite église au nom de San Fiz de Solovio ? Compte tenu du fait qu'au Xè siècle, l'évêque Sisnado ordonne sa reconstruction, tout laisse à penser que le premier temple est lié directement à la découverte des restes humains de l'Apôtre. L'édifice a subi maintes vicissitudes, parmi lesquelles la visite destructrice de Almanzor et sa reconstruction postérieure. C'est une œuvre romane du XIIIè s., avec de nombreuses modifications introduites au XVIIè et XVIIIè siècles. Un joli clocher baroque.

Rue Nova ▲
Place de Mazarelos (en haut) ▶
Arc de Mazarelos (en bas)

CAFE BAR

Tout à côté s'étend le marché, dans toute sa splendeur le jeudi, autre point de rencontre, intéressant en particulier si l'on souhaite connaître les coutumes locales et admirer la grande variété de poissons qui y est proposée. Ce terrain appartint autrefois aux comtes de Altamira, une famille noble traditionnellement opposée, par les armes, au pouvoir de l'Église catholique.

De la Praza de Cervantes (place de Cervantès) partent de petites rues qui s'organisent autour de deux plus grandes : Algalia de Arriba et Algalia de Abaixo. Il faut s'y aventurer sans crainte car l'ensemble est si petit qu'on ne peut se fatiguer d'y marcher ou s'y égarer.

Si, au contraire, on descendait à partir de Cervantes à gauche, on arriverait du côté de la façade de Acibechería de la cathédrale et San Martiño Pinario pour déboucher ensuite sur O Obradoiro. Il vaut donc mieux descendre tout droit et tourner de nouveau dans la même direction pour prendre la minuscule Vía Sacra et, laissant sur la droite le monasterio de San Paio de Antealtares, déboucher dans une rue très pentue : la rue Gelmírez qu'il faut descendre jusqu'à trouver la **Rúa Nova**, plus large et bordée d'arcades. Là, la première maison avec un porche s'appelle de As Pomas, elle est suivie de deux centres culturels municipaux, le teatro Principal et le Salón Teatro. Au milieu, le petit temple de **Santa María Salomé** offre en son intérieur un parement d'autel du XIIè s. et un autel baroque galicien où les fruits sont représentés en abondance. María Salomé était la mère de l'apôtre Santiago.

La Rúa Nova s'achève plaza de O Toural de même que la Rúa do Vilar qu'il serait impardonnable de ne pas visiter. Les deux rues communiquent entre elles par la ruelle Entrerrúas dont l'étroitesse est telle que deux personnes ne peuvent s'y croiser sans qu'une ne cède le passage à l'autre.

La **Rúa do Vilar** est la maximale expression civile d'une époque glorieuse de Santiago. La **casa del Déan** (maison du Déan) mérite en soi d'être citée, autre belle illustration du baroque, elle fut à une époque la résidence qui recevait les évêques venus visiter la ville ; elle date de 1747 et son architecte est le même que celui du pazo de Bendaña, cité plus haut. Il n'y a plus que la rue de A Raiña, embranchement de la rue del Franco, que le visiteur n'ait pas harpentée. Elle se présente justement maintenant à lui, parcourue de bars comme le Franco.

Couvent de Saint Augustin

À l'arrière du marché se dresse un édifice qui attire l'attention en raison de son asymétrie : une tour haute, une autre basse ; l'une élégante pourvue de balcons, l'autre recouverte d'un petit toît peu gracieux. C'est le

Iglesia de Santa María Salomé (en haut) ▲
Museo das Peregrinacións (en bas)
Rúa do Vilar ▶

BAR
NEGREIRA

ENCONTROS
LIBRERIA
GRIMBERGEN
• Anno 1128 •
CERVECERIA
A LIGA
HOSTAL

convento de San Agustin, bâti entre 1633 et 1648. Cette asymétrie a l'origine suivante : en 1788, la foudre détruisit la tour de gauche alors que celle de droite restait intacte. La première ne fut jamais reconstruite et la seconde, jamais terminée. Cependant, ce qui est surtout frappant, c'est la décoration équilibrée de la façade, de style baroque.

Musée des Pèlerinages

En plein centre historique, à partir de la Algalia de Arriba descendant à gauche en direction de san Martiño Pinario et de la plaza de O Obradeiro, se trouve, depuis 1951, le **Museo das Peregrinacións** constitué évidemment de plusieurs salles présentant l'histoire millénaire de ce phénomène social que sont les pèlerinages à Compostelle. Il contient des images, des tabernacles, des restes du cloître de la cathédrale, des monnaies... Sa construction remonte au XIVè s. mais il a subi depuis de nombreuses modifications architectoniques.

Centro Galego da Arte Contemporánea

L'inauguration du Centro Galego da Arte Contemporánea ou CGAC, près de San Domingos de Bonaval, eut lieu courant septembre 1993. Le bâtiment avait été imaginé et conçu par Álvaro Siza, un architecte portugais auteur d'autres constructions à Santiago (entre autres, la Faculté de Journalisme dans le Campus Nord). Le projet fut d'abord considéré avec scepticisme: c'était un défi de vouloir intégrer un local aux lignes d'avant-garde dans le quartier par lequel, depuis mille ans, les pélerins pénétraient la ville. Lignes droites, murs quasiment aveugles et grandes fenêtres sobres, cette simplicité régne aussi à l'intérieur. Les nombreuses oeuvres d'arts plastiques, audacieuses, y sont esposées dans des espaces aux jeux de lumières surprenants. Au fil du temps, cette architecture qui forme avec la vétusté de San Domingos de Bonaval un contraste visuel réussi a fini par être pleinement acceptée par les habitants de Compostelle.

Centro Galego da Arte Contemporánea ▸

Des parcs

Santiago est une ville dont l'espace est distribué en trois parties bien distinctes : le vieux centre, les zones d'habitations de faible hauteur avec abondance de jardins, et, au sud et à l'est, des quartiers quelconques sur le plan architectonique. Malgré ces derniers, la ville a grandi en général sans saturation. Le fait d'avoir élu durant de nombreuses années un maire architecte de profession a certainement contribué à la formation d'une trame urbaine conjuguant habitat et espace vert. La création d'un couloir vert, d'avant-garde européenne, prévue dans un proche avenir permettra de se déplacer à pied, à l'écart des voitures, sur une voie calme, tranquille et sure.

Dans ce décor territorial, Santiago est pratiquement entouré de parcs. D'aucuns diront que certains d'entre eux ont des dimensions si réduites qu'ils sont plutôt équivalents à des jardins. Certes, mais quelle que soit leur dénomination ils forment un itinéraire permettant de connaître d'autres lieux intéressants souvent oubliés en faveur du centre historique de la ville.

Cathédrale depuis le Paseo da Ferradura ▸

Ponte Mantible et Pablo Iglesias

L'accès par le nord, en provenance de A Coruña (La Corogne) offre au regard un édifice énorme, à l'élégance sobre, qui fut à une époque hôpital militaire mais qui abrite actuellement le Gouvernement autonome galicien, la Xunta. À droite une rue en descente, Os Irmandiños, tire son nom des milliers de paysans misérables qui se révoltèrent au Moyen-âge contre leurs seigneurs et détruisirent leurs châteaux. À gauche, on passe devant le premier parc, **Ponte Mantible**, petit, en pente et contenant une partie de l'ancien aqueduc. Il se termine au niveau de l'iglesia (église) de Vite, autrefois rurale et desservant un village que la ville a absorbé à part quelques constructions monofamiliales dont l'origine rurale se note. À partir de là commence le parc de **Pablo Iglesias**, deux désignations recouvrant en réalité un même espace, doté d'un parc de jeux et qui, après un parcours presque circulaire, termine sur une petite statue du fondateur du socialisme espagnol et de nouveau devant l'édifice de la Xunta. Sur le chemin de l'une à l'autre, une église centenaire en excellent état : **San Caetano**.

Fermín Bouza Brey, Xixón et Musique à Compostelle

On prend l'avenue Juan XXIII pour longer immédiatement un autre parc, celui de **Fermín Bouza Brey**, ethnographe et érudit nationaliste galicien du siècle dernier. L'épaisseur est ici plus profonde, agrémentée d'une aire de plaisance et de chemins larges bien entretenus pour s'y promener. Il jouxte le suivant, celui de **Xixón**, d'étendue un peu chiche.

On continue à descendre au milieu des jardins en direction du campus nord où se trouvent l'**Auditorio de Galicia** (Auditorium de Galice) et son étang, et le parc **Música en Compostela** dénommé ainsi pour commémorer une initiative culturelle maintenant ancienne dont la renommée a traversé les Pyrénées et l'Atlantique.

Mosquera Pérez

La rue Galeras est limitrophe du plus grand parc, qui, paradoxalement, s'appelle **jardín** (jardin) **Mosquera Pérez**. Il est plat, peu ombragé, fréquenté par les familles et traversé par la rivière Sarela (un affluent du Sar immortalisé par Rosalía de Castro). Il termine au **Campo das Hortas**, autrefois petite place et aujourd'hui simple croisement. Simple mais intéressant parce qu'il part à droite sur el Carme de Abaixo et las Oblatas, deux rues flanquées d'édifices en granit du XVIIIè et XIXè s., avec parmi eux un couvent reconverti en hôtel de luxe. À gauche, la **calle Hortas**, qui s'achève au pied de la Praza do Obradoiro et bien qu'el-

A Rocha. À la sortie sud se trouvait un château : celui de A Rocha. Les fouilles menées au début du XXIè s. ont découvert non seulement des éléments scientifiques mais aussi un lieu d'attraction pour les touristes. Il est question d'instaurer une navette de microbus ou de prolonger la promenade verte de telle sorte que cette forteresse soit unie au centre historique, en passant par l'Ensanche.

Pont piétonnier (Paxonal) ▲
Jardín de Mosquera Pérez (en haut) ▶
Auditorio de Galicia (en bas)

AUDITORIO DE GALICIA

le ne se trouve pas dans le centre historique est l'une des rues mieux conservées de Santiago. En effet, elle ne contient aucun nouvel édifice qui détonne : la majeure partie, centenaire, se structure en seuls rez-de-chaussée et étage, avec de nombreux balcons ; une rue très bien réhabilitée il y a peu. Cette rue était et est encore le début de la dite Prolongación a Fisterra (Prolongement à Fisterra).

Carballeira de San Lourenso et Campus Sur

Après le **Campos das Hortas**, la calle Hortas se prolonge vers la **Carballeira** (Chênaie) de **San Lourenzo**, qui a été épargnée par l'extension du **Campus Sur** (Campus Sud) de l'Université. Dans la Carballeira de San Lourenzo se dresse le manoir de **San Lourenzo de Trasouto**. Le roi Carlos I d'Espagne et V d'Allemagne (Charles Quint) serait très surpris s'il apprenait que cette construction, dans laquelle il résida en 1520 à Pâques lors de la réunion des États Généraux à Santiago, est dans un état de conservation impeccable et sert d'établissement hôtelier de luxe. Il est également probable que le monarque n'en a pas gardé un bon souvenir : alors que sa suite occupait toutes les auberges avoisinantes et prenait d'assaut les demeures particulières par manque de places pour tous (ce qui provoqua une révolte populaire), lui prétendait obtenir le financement de son embarquement pour l'Allemagne où il allait être couronné empereur après la mort de son grand-père. Les représentants le lui refusèrent et Carlos I transféra les États Généraux à A Coruña où, apprivoisant certains représentants moyennant quelque rétribution ou prébende, il put prendre un bateau pour rejoindre sa terre natale.

La promenade continue par le **Campus Sur**, avec des bâtiments de style herreriano et une prolifération de jardins et de résidences d'étudiants. Sa forme est rectangulaire. Depuis quelques décennies, l'Université s'est étendue vers l'arrière, urbanisant une colline très appréciée des habitants de Santiago : celle de **A Condesa**, aujourd'hui mélange d'asphalte et de facultés.

La Alameda

On monte à partir du Campus Sur des escaliers pentus pour rejoindre le parc de la **Alameda**. À l'origine modeste parc de la banlieue de la ville, il en est devenu le poumon, un lieu de rencontre, de promenade, de concerts dominicaux de la fanfare municipale, de glaces et gourmandises. Les travaux commencèrent en 1835 mais ce ne fut qu'en 1885 qu'il prit son aspect actuel. Plusieurs allées avec

Le mont Pedroso constitue un autre grand espace vert au pied duquel s'étend Santiago. Les antennes juchées sur son sommet permettent de le reconnaître facilement de loin. On y trouve une grande zone récréative et un monument de pierre préhistorique. Magnifique panoramique avec le Pico Sacro au fond.

Vue de Santiago depuis le monte Pedroso ▸

chacune leur nom le structurent en jardins dotés d'une riche flore, avec des espèces parfois du Caucase, d'Arménie et de Bulgarie. À titre d'anecdote : les deux magnolias offerts en 1878 par la Société Économique des Amis du Pays et un araucaria donné en juin 1947 par Eva Perón quand elle visita la ville. Autre curiosité : deux des premières graines d'encalyptas que frère Rosendo Salvado rapporta d'Australie poussèrent ici. Le kiosque à musique date de 1894.

La Alameda, selon le plus grand géographe galicien de tous les temps, Ramón Otero Pedrayo, est « le parc et la promenade sans doute les plus nobles et beaux d'Espagne ». Son espace renferme deux temples. L'un d'eux, celui du **Pilar** dont le permis de construire fut sollicité en 1703, est situé sur un des côtés, et l'autre, celui de **Santa Susana** (Sainte Susanne), au centre, sur le plus haut point et à l'emplacement d'un hameau préhistorique disparu. Santa Susana, auquel on accède par une allée de chênes, fut consacrée en 1102 par Diego Gelmírez, l'archevêque le plus puissant de l'histoire galicienne, dont le palais jouxte la cathédrale. On vénéra dans cette église une relique de la sainte, volée à Braga (Portugal) par Diego Gelmírez en personne et rendue au milieu du XXè s.

La Alameda est jalonnée de sculptures et de monuments, on remarque en particulier ceux dédiés à Rosalia de Castro, à Casto Méndez Núñez et à Alfonso Rodríguez Castelao, médecin, dessinateur, écrivain et homme politique du XXè s. À l'entrée principale, qui donne sur le centre historique et en particulier la **Porta Faxeira** (mot provenant de « faias », hêtres en galicien), supportant le soleil et la pluie, une sculpture colorée représente les Marías, personnages très populaires localement dans la seconde moitié du siècle dernier. L'allée principale de la Alameda fut conçue en 1853, c'est le **paseo da Ferradura** (promenade du Fer à cheval) nom qui lui vient sans aucun doute de sa forme.

El Ensanche et Eugenio Granell

Le vert est momentanément interrompu. Il faut traverser la nouvelle partie de la ville, **El Ensanche**, dont le projet fut entrepris à partir des années soixante-dix.

Des immeubles standard sans intérêt historique ou architectonique mais paradis des commerces. Il converge finalement **Praxa Roxa** (Place Rouge), curieux nom qui n'a rien à voir avec sa couleur. L'origine en est historique : avant la démocratie, elle s'appelait José Antonio, du nom

La Alameda (en haut et en bas) ▸
Campus Sud universitaire (page 59)

du fondateur de la Phalange Espagnole. Le fait que de nombreuses rues convergeaient en son point en fit un lieu pratique pour les manifestations des étudiants opposants de gauche qui finirent par l'appeler « Rouge » en raison de leur tendance politique.

Une partie de la vie commerciale de Santiago commence à émigrer vers la sortie en direction de Ourense (Orense). Là se trouve un autre parc, sillonné de plusieurs chemins et dédié à ce grand humaniste, peintre et écrivain surréaliste que fut Eugenio Granell, dont la fondation siège sur la place centrale de **O Toural**, dans le **manoir de Bendaña**.

Belvís, A Trisca et Carlomagno

Il nous faut retourner en ville, sur le pourtour des anciennes murailles dont il ne reste qu'un échantillon à la hauteur de Mazarelos et de la porte correspondante. Un peu au-delà de celle-ci, le callejón (ruelle) de las Trompas descend en pente dangereuse dans un autre espace vert : le **parque de Belvís**, qui introduit à un autre parc, minuscule, le **parque de A Trisca**. Belvís se termine dans une autre rue similaire à Hortas, celle de San Pedro, qui permet à son tour d'accéder à deux espaces verts : le **parque de San Domingos de Bonaval** et celui de la **Almáciga**. Le premier est parfois considéré comme le joyau des parcs, au pied du **Museo do Pobo Galego**, il a été conçu récemment. Le deuxième, sur une hauteur, offre de belles vues.

Il en reste encore un, et nous fermons le cercle décrit : celui de **Carlomagno**. Dans les années quatre-vingts du siècle dernier, le polygone résidentiel de Fontiñas se développa dans une vallée encore vierge. Le parc fut conçu juste à ses limites, on y accède par d'interminables escaliers.

Parque de Bonaval

Littéraire des environs

Iglesia de A Escravitude ▸

On ne peut comprendre Santiago sans **Padrón** et vice versa. La relation entre les deux localités débute lorsque le corps de l'apôtre, martyrisé et décapité, est emporté sur une barque en pierre depuis Haifa (Terre Sainte) avec deux de ses disciples et en une seule nuit traverse la Méditerranée, remonte les côtes de Lusitanie et arrive à l'aube à Padrón, dans la ría de Arousa où la barque est amarrée à une pierre dénommée : O Pedrón. Les attaques des pirates obligent à emporter le corps du disciple de Jésus Christ à l'intérieur des terres où il est enterré sur une colline qui entrera dans l'histoire sous le nom de Compostelle.

Mélange de tradition et d'histoire, un itinéraire relie les deux localités. Il part de la ville par la route qui conduit à Noia. Itinéraire littéraire parce qu'il réunit plusieurs enclaves liées à deux des plus célèbres écrivains galiciens : la poétesse **Rosalía de Castro** (XIXè s., enterrée au Panteón de Galegos Ilustres – Panthéon des Galiciens Illustres) et l'unique Nobel galicien **Camilo José Cela**, enseveli à Iria Flavia sous un olivier. Également **Macías O Namorado** et **Nicasio Pajares**.

La maison de Tarroeira

L'asphalte descend jusqu'au **valle** (la vallée) **de Amaía**, formée par le **río** (la rivière) **Sar**, une vallée ouverte, riche et peuplée. À Bertamiráns, on prend à gauche pour se diriger vers **Tarroeira**, relevant de la paroisse de **Ortoño**. À Tarroeira, un hameau semblable à tant d'autres qui enjolivent la Galice, est conservée, et habitée, la maison où Rosalía de Castro passa les douze premières années de sa vie avec ses tantes Josefa et Teresa. C'est dans cette même maison que fut fondé le 12 octobre 1923, au cours d'une excursion, le **Seminario de Estudos Galegos** (Séminaire d'Études Galiciennes) par de jeunes universitaires soucieux de la culture galicienne. Ce séminaire deviendra par la suite une des institutions scientifiques les plus estimées.

Bastavales et ses cloches

De retour à Bertamiráns, poursuivre jusqu'à **Os Anxos** (à gauche et à droite, de jolies constructions, la majorité restaurée dans le respect de l'architecture traditionnelle), puis au seul et bien indiqué croisement tourner à gauche; à la déviation pour Bastavales, prendre à droite.

Bastavales est une église. Ou plus exactement, un temple avec deux nobles édifices en granit, l'un plus élevé et important. On ne lui trouve aucune valeur historico-artistique mais l'enclave est connue pour être citée par Rosalía de Castro dans une de ses œuvres où elle mentionne spécifi-

Au croisement de Os Anxos et en prenant à droite, au lieu de continuer vers Bastavales, on prend la route qui mène au plus haut point de la colline. Là se trouvent les tours de Altamira, ruines consolidées d'une forteresse et d'un palais gothique postérieur. Ce fut le berceau de la très puissante maison de Altamira, constituée de célèbres guerriers en opposition constante au pouvoir ecclésiastique de Compostelle. Par exemple, l'archevêque Rodrigo de Luna dut passer deux années du XVè s., avec tout le chapitre, à Padrón, seul endroit abrité des attaques des comtes de Altamira. C'est aujourd'hui un excellent belvédère pour contempler toute la vallée de Amaía.

Fontaine dans la vallée de Amaía ▲
Iglesia de Bastavales ▶

quement les cloches de l'église. De fait, la sonorité des cloches est telle qu'on les entend dans toute la vallée de Amaía.

Les eaux miraculeuses de A Escravitude

On arrive ensuite à **A Escravitude**, cette fois-ci sur la route principale (N-550) qui relie Santiago à Padrón. Il s'agit d'une autre église, de réputation non pas littéraire mais miraculeuse. En effet, il existait là-bas depuis toujours une fontaine à l'eau claire, fraîche et appréciée de ceux qui la connaissaient. Puis au cours du XVIè s., un prêtre y fit placer une représentation de la Vierge à l'Enfant en remerciement d'une faveur obtenue, par intercession divine. Deux cents ans plus tard, un paysan de Pontévédra qui s'en allait à Santiago dans l'espoir d'être soigné de son hydropisie s'arrêta en ce lieu, but de cette eau et guérit sur-le-champ. Sa foi le porta à offrir au clergé l'attelage de bœufs avec lequel il voyageait comme premier don pour bâtir un sanctuaire. La fontaine est toujours au même endroit, dans la partie basse du temple baroque qui exhibe deux tours jumelles, l'une du XVIIIè et l'autre du XIXè s. À une dizaine de mètres se dresse un autre temple de plan rectangulaire et pourvu d'une abside romane, dénommé **de Cruces**. Le visiteur se trouve dans une commune que l'historien Baltasar Porreño définis-

A Escravitude (en haut) ▲
Camilo José Cela (Álvaro Delgado) (en bas)
Iglesia de A Escravitude ▶

SANTUARIO DE LA ESCLAVITUD

sait au XVIIè s. par ces mots : « Terre très tempérée au ciel charmant, délicieux comme aucun autre en Espagne, où les fruits et beaux jardins abondent ».

Iria Flavia

Quelques kilomètres plus loin se dresse **Iria Flavia**, le premier Padrón, le grand centre culturel, politique et religieux de Galice au cours des premiers siècles du christianisme. En se permettant une extrapolation historique, on pourrait dire que Iria Flavia était la capitale de ce qui est aujourd'hui la Galice. Le géographe de l'antiquité classique, Ptolémée, dans son *Itinerario Romano* mentionne Iria comme la capitale de la tribu celte des Capori. Il reste de nos jours une excellente église romane autour de laquelle plusieurs campagnes de fouilles ont été menées étant donné qu'il s'y trouve un cimetière d'intérêt archéologique majeur pour la Communauté Autonome de Galice. C'est dans ce cimetière, dénommé historiquement **Santa María Adina**, que fut enterrée à l'origine Rosalía de Castro.

L'endroit est sacré depuis maintenant deux millénaires. Ce fut d'abord un temple romano-chrétien au sujet duquel il n'existe aucune étude concluante. Ensuite, un autre temple, probablement en maçonnerie et bois, détruit par Almanzor. Et finalement, l'actuel dont une partie date du XIIè et XIIIè s., avec un intéressant portail et des tours romanes et ogivales avec des éléments d'inspiration clairement orientale ; quant à l'autre partie, elle date du XVIIè s.

Face à face, l'édifice de **Os Coengos** et le siège de la **Fundación Camilo José Cela**. À ses côtés, une énorme sculpture illustre la figure du prix Nobel, une œuvre artistique longtemps controversée parce que le célèbre auteur est représenté avec une expression de visage sévère.

O Pedrón. Iglesia de Santiago. Padrón ▲
Paseo de O Espolón. Padrón (en haut) ▶
Pont de Santiago. Padrón (en bas)

Le centre historique de Padrón

Padrón possède un excellent centre historique où l'on peut passer une journée entière à visiter des endroits intéressants. Certains sont très frappants et d'autres passent inaperçus, comme le grenier à sel du XIè s., plus tard hospice pour les pèlerins et aujourd'hui entité banquaire. Chemin faisant, on rencontre le **palacio del Obispo de Quito** (palais de l'Évêque de Quito), propriété de Alonso de la Peña y Montenegro, recteur de l'Université de Santiago, évêque et général commandant de Quito ; il décéda en Amérique en 1688. **La Casa Consistorial**

Dans les environs de Padrón, en amont sur la rivière Ulla, se dresse le couvent de Herbón, fondé en 1396 par deux Franciscains. Cet ordre continue de le diriger aujourd'hui. Ce fut la demeure du troubadour Xoán Rodríguez, qui se retira de la vie mondaine en 1440 après une déception amoureuse. La paroisse à laquelle il appartient est célèbre pour ses petits poivrons, pointus et verts, ramenés au XVIè s. du Mexique par les Franciscains. Un dicton populaire affirme que « les poivrons de Herbón (ou Padrón), certains piquent et d'autres non » puisqu'en effet quelques-uns exigent de manger aussitôt de la mie de pain pour calmer la sensation de brulûre dans la bouche. Peu, très peu, mais inoubliables.

(Hôtel de Ville) garde un charme certain puisqu'elle date du XVIIIè s., sans oublier le **crucero** (la croix de pierre) **de Fondo da Vila**. Les habitants de Padrón se rencontrent sur une promenade le long de la rivière **O Espolón**, au bout de laquelle se dresse un monument consacré à Rosalía de Castro, voisin de l'église paroissiale de Santiago et dont le maître-hôtel abrite **O Pedrón**, cette pierre à laquelle les disciples de l'Apôtre attachèrent la barque transportant son corps. La réalité est un peu plus prosaïque : il s'agit d'un autel romain avec une référence incomplète à Neptune.

De l'autre côté de la rivière, il nous faut remarquer deux choses : une fontaine reconstruite en 1789 et le majestueux **convento del Carmen** (couvent du Carmen), néoclassique, situé sur une hauteur depuis laquelle la vue sur Padrón vaut l'ascension. Padrón, cette ville si liée à la littérature fut celle de Macías O Namorado (Macías L'Amoureux), un des meilleurs représentants de la lyrique galicienne et portugaise du Moyen-âge.

La maison musée de Rosalía

La casa museo de Rosalía ouvre ses portes au lieu dit A Matanza, à proximité du centre historique, de l'autre côté de la voie ferrée. C'est là que la poétesse, qui fut marquée toute sa vie par le fait que son père avait été prêtre, passa les dernières années de sa vie. Depuis son lit de mort, elle voyait le **cementerio** (cimetière) **de Adina**. Alors qu'elle savait qu'il ne lui restait plus beaucoup de temps avant d'y reposer, elle lui dédia quelques vers. La maison est devenue aujourd'hui un musée monographique consacré à la poétesse. Le rez-de-chaussée contient des photographies, des objets qui lui sont liés ou bien à sa famille (son époux fut Manuel Murguía, un grand historien et journaliste) et des livres intéressants. Le premier et unique étage a été conservé tel qu'il était il y a plus d'un siècle : la salle à manger, le salon, la bibliothèque, la chambre des enfants... Même l'oreiller où elle rendit son dernier soupir a été conservé.

Pazos et Santiaguiño del Monte

Les environs de Padrón présentent trois pazos (manoirs), tous privés et donc non ouverts au public. Le plus important est celui de **Arretén**, où fut élevée Rosalía de Castro, fondé au XVIè s. mais datant presque entièrement du XVIIè s. ; celui dénommé **Torre do Monte** possédant deux escaliers majestueux avec balustrade ; et celui de **O Vinculeiro**, à Extramundi de Abaixo qui était en ruines mais qui a été restauré récemment. Il en existe un quatrième, dans le proche Dodro et à moins de cinq minutes du centre de Padrón. C'est celui de **Hermida**, doté de deux

Fontaine du Carmen (en haut) ▲
Maison de A Matanza, musée de Rosalía de Castro (en bas)
Convento del Carmen (en haut) ▶
Fontaine du Carmen (en bas)

OR

CASA-MUSEO
DE
ROSALÍA

tours médiévales unies par un corps central. Rosalía de Castro y vécut et accoucha là de ses jumeaux. C'est aujourd'hui un établissement de tourisme rural luxueux.

Santiaguiño do Monte est un sanctuaire auquel on accède par des escaliers (ou en voiture) qui s'élèvent depuis la route qui va à Rois, juste à l'arrière de là où naquit une autre personne liée au monde des lettres, en particulier de l'émigration : l'écrivain et journaliste Nicadio Pajares. C'est au XXIè s. une aire récréative que la foule envahit le 25 juillet et qui a conservé ses éléments historiques : la chapelle et les pierres. La première est d'une allure très simple, en granit comme très souvent en Galice, avec de bonnes pierres de taille. Les pierres rassemblent une croix en pierre et une statue, autrefois chaire depuis laquelle prêcha l'apôtre Santiago, qui dut aussi se cacher de ses persécuteurs dans une cavité (la « **cova** ») ; les gens ont la coutume de s'allonger sur le lit (un creux dans la roche) où dormait l'envoyé du Christ.

Le retour à Santiago se fait par la N-550. En montant une partie de celle-ci très sinueuse, on a sur la gauche un lieu fortifié, un escarpement complètement vertical dans sa partie supérieure avec des murailles défensives l'entourant. C'est le **castro de Faramello**, avec la jolie bourgade de **Angueira** à ses pieds. La légende raconte que ce fut la ville où vécut la reine Lupa à qui Santiago en personne demanda de l'aide dans son effort de christianisation de la Galice.

Portrait de Rosalía de Castro ▲

Croix de pierre. Santiaguiño do Monte ▶

Castro de Faramello et hameau de Angueira ▼

récupération de l'immeuble. En 1993, face à la dégradation de l'édifice, on commence les travaux de la récupération.

C'est l'intention de la Confrérie de récupérer aussi les peintures du plafond et l'équipement.

D'entrée en Galice

Les auberges qui ouvrent leurs portes le long du Chemin dans sa partie galicienne, aussi bien sur le Chemin Français que sur les autres, sont gratuites. Certaines acceptent une petite rétribution pour l'entretien de l'édifice, toujours à la charge d'une « albergueira ». Il est seulement demandé de respecter les installations. Il existe un ordre de préférence pour recevoir les pèlerins, ceux qui voyagent en voiture n'étant pas prioritaires.

O Cebreiro ▸

Le **Chemin de Santiago** est parcouru chaque année par des dizaines de milliers de personnes de toutes les nationalités. Mais il faudrait parler au pluriel étant donné que les itinéraires historiques qui conduisent à Compostelle marquent le paysage géographique depuis les quatre points cardinaux. Il y a ainsi le **Camino Primitivo** (Chemin Primitif) par A Fonsagrada et Lugo, la **Ruta del Norte** (Route du Nord) par Ribadeo et Mondoñedo, le **Camino Inglés** (Chemin Anglais) depuis A Coruña et Ferrol, le **Camino Portugés** (Chemin Portugais) franchissant le Miño et traversant Padrón, le **Camino Oriental** o **Vía de la Plata** (Chemin Oriental ou Route de l'Argent), qui entre par Ourense et bien entendu, le **Camino Francés** (Chemin Français) qui arrive en Galice en franchissant la muraille montagneuse où est implantée Pedrafita. Ce dernier chemin est le plus important de tous, aussi bien d'un point de vue historico-artistique qu'en ce qui concerne le nombre de personnes qui l'empruntent : 97 pour cent des pèlerins le préfèrent à tout autre.

Le **Camino Francés** remonte depuis la localité du León, Villafranca del Bierzo, et après une dure ascension pénètre en Galice. Aymeric Picaud, le clerc français originaire du Puy qui écrivit au cœur du Moyen-ge le *Códice Calixtino*, commente ainsi : « On trouve ensuite la terre des Galiciens. Elle est riche en forêts, agréable pour ses rivières, ses prés et ses délicieux pommiers, ses bons fruits et ses fontaines claires, elle est pauvre en villes, en bourgs et en terres cultivées (...). Les Galiciens, donc, s'accommodent mieux à notre peuple français que les autres populations espagnoles aux coutumes arriérées, mais ils sont irascibles et très querelleurs ».

À 1300 mètres d'altitude, on trouve le village de **O Cebreiro**, impeccable avec ses ruelles empierrées, sans

O Cebreiro ▸

Sanctuaire de O Cebreiro ▾

constructions qui détonnent. On peut y voir les pallozas, maisons en pierres sèches et au toit de chaume dans lesquels ont cohabité pendant plus de deux millénaires les animaux et les êtres humains. Deux millénaires, en effet, parce que leur origine est pré-romaine et parce que l'isolement qu'a connu jusqu'à peu la haute montagne galicienne a contribué à la survivance des usages, coutumes et techniques architectoniques. Plus personne ne vit aujourd'hui dans les pallozas ; l'une de celles-ci a été convertie en **Museo etnográfico** (Musée etnographique). Il faut visiter l'église de O Cebreiro, qui conserve entre autres merveilles un calice dans lequel se produisit un miracle : le vin se transforma en sang du Christ le jour où un prêtre sceptique célébrant la messe se moqua en son for intérieur de l'état piteux dans lequel un fidèle du village voisin de Barxamaior venait à l'église.

Une autre église de structure et matériaux semblables se dresse un peu plus en avant, dans le village de **Liñares**, juste avant l'ascension au col de Poio (1337 mètres), dure, très dure, après laquelle on redescend vers **Triacastela**. Il s'agit d'un petit bourg avec une autre église digne d'être photographiée, dénommée, bien sûr, de Santiago, avec une abside romane construite il y a huit cents ans, une tour clocher, une nef et une façade remontant à deux cents ans. Triacastela eut un hospice et, étant donné que tout arrivant n'était pas forcément honnête homme, une prison pour les faux pèlerins, les filous et les coupeurs de bourses.

Un itinéraire qui se divise

À partir de Triacastela, l'itinéraire se scinde en deux, sans que les historiens s'accordent à désigner le plus important ou fréquenté des deux. Celui du nord passe par **San Xil**, laisse en arrière les ruines du **castro de Calvor** avec son église le christianisant, et s'achève à **Sarria**, là où se termine aussi l'itinéraire du sud qui présente l'avantage de passer par l'énorme masse cénobitique de Samos.

Le **monasterio** (monastère) **de Samos** mérite qu'on s'y arrête. Il est le résultat de l'union, conclue entre le VIè et le VIIè s., de petites communautés religieuses dispersées dans la région. Naissait ainsi le Sámano évoqué dans les documents médiévaux, où fut éduqué Alfonso II el Casto (Alphonse II le Chaste). Ce fut un monastère renommé et puissant. Un document millénaire raconte que les moines étaient « occupés jour et nuit à chanter les louanges divines, constamment occupés à méditer la parole de Dieu, et qu'ils soumettaient volontiers leur corps aux commandements de la sainte règle ». Il souffrit deux incendies, en 1524 et en 1951, et à chaque fois fut reconstruit. Pendant l'invasion napoléonienne, il servit d'hôpital de guerre. Actuellement, une communauté religieuse se charge de son entretien. Il faut visiter

Torreón, Sarria (en haut) ▲
Peinture murale à Sarria (en bas)
Maison Pacios, Triacastela (en haut) ▶
Monasterio de Samos (en bas)

non seulement ses cloîtres mais aussi la proche capilla del ciprés (chapelle du cyprès) bâtie en l'an mil.

Enfin, quel que soit l'itinéraire choisi, on arrive à Sarria, une ville dont le Chemin traverse le vieux quartier, avec la calle Mayor (Grande rue) remarquablement bien entretenue. La ville propose au visiteur le **torreón** (grosse tour) unique vestige d'un château, l'**iglesia del Salvador** (l'église du Salvador), romane avec une façade d'inspiration gothique, et le **convento de la Magdalena** (couvent de la Madeleine), à proximité du pont Áspera, qui figure dans de nombreux textes ayant trait au pèlerinage et qui conduit à un bois très agréable qui se termine aux portes d'un petit joyau du roman rural : l'**iglesia de Santiago de Barbadelo** (XIIè s.).

Le Portus Marini, sous les eaux

Portomarín constitue l'étape suivante. Jusque dans la seconde moitié du XXè s., ce lieu était situé plus bas, sur les rives de la rivière Miño, et possédait même un port. C'était le *Portus Marini*, formé des bourgs de San Pedro et de San Nicolás, qui fut submergé par les eaux d'un barrage. La population dut déménager dans de nouvelles maisons construites sur les hauteurs de la montagne là où curieusement se trouvait deux mille ans plus tôt une place forte ou un village pré-

Le Portomarín actuel est célèbre aussi pour son eau de vie et sa tarte aux amandes. C'est le siège de la Serenísima Orden de la Alquitara (le Sérénissime Ordre de l'Alambique), qui veille à la pureté et à la promotion internationale des eaux-de-vie, et organise une fois par an, le Dimanche de Résurrection, une grande cérémonie publique.

Monasterio de Samos ▲
Portomarín ▶

historique qui fut en réalité le premier Portomarín. La localité se distingue par son **iglesia de San Juan** ou **San Nicolás** (église de Saint Jean ou Saint Nicolas), à l'aspect de forteresse, qui fut transférée pierre par pierre depuis la rive du Miño – seule l'orientation de sa façade ne fut pas respectée ; et par ses célèbres tartes de Ancano aux amandes et par sa non moins connue eau-de-vie.

Castromaior (dont le nom provient de l'important emplacement fortifié au pied duquel passe la route), **Ventas de Narón** et son humble chapelle, **Lameiros** et sa croix de pierre, enfin **Ligonde** avec ses exemples d'architecture traditionnelle rurale sont les étapes suivantes avant de prendre la direction de **Palas de Rei**.

Palas de Rei ne présente aucun intérêt historique à part **Vilar de Donas**, une église excentrée qui possède d'excellentes peintures murales et qui ne fut pas construite sur l'itinéraire même de Saint Jacques trop fréquenté et agité pour un lieu de recueillement et de prière. À part cette église, il n'y a rien d'autre excepté la nature. Et sur ce chapitre, Palas de Rei se montre généreuse, détentrice des meilleures « carballeiras » (chênaies) de presque tout Lugo, voisines de la rivière Ulla fraîche et sauvage, qui par chance n'a pas été domestiquée par les mini centrales de plus en plus nombreuses.

L'histoire raconte que les pèlerins se réunissaient au **Campo dos Romeiros** pour former des groupes et voyager plus en sécurité jusqu'à Compostelle, alors que leurs forces commençaient à faiblir. Ils traversaient le **pont Leboreiro** et ils entraient à **Melide**, laissant sur la droite la chapelle de San Roque dotée d'une croix de pierre, de plus de cinq cents ans, qui fut longtemps considérée comme la plus ancienne de Galice. San Roque se targue d'un portail roman qui curieusement ne lui appartient pas : c'était celui de l'église locale de San Pedro avant d'être littéralement encastré là où on le voit aujourd'hui.

L'art de Melide

Melide est l'autre localité avec des racines préhistoriques ainsi que le démontre son castro (emplacement fortifié). Elle contient un hospice de pèlerins avec vingt-quatre lits qui étaient occupés chacun par deux personnes, devenu depuis **museo local** (musée local) et des églises. Il faut dire que le Chemin de St Jacques ne peut se comprendre sans la grande expansion du christianisme, et vice versa. Les églises devinrent alors des points de repère : elles représentaient le pouvoir parfois politique, parfois économique, elles constituaient un lieu d'assistance et de prière, une enclave sûre, une couche improvisée...On remarque à Melide l'**iglesia del Espíritu Santo** (l'église du Saint Esprit), intégrée dans l'ancien couvent franciscain, en style ogival du XIVè s. avec des

Auberge de Ribadiso ▲
Peintures murales (fin du XVè s.), Santa María de Melide ▶
Monte do Gozo ▼

restaurations postérieures et deux bons exemplaires de sépulcres gothiques.

On termine la visite de Melide par une église romane bâtie dans sa périphérie, celle de **Santa María** (Sainte Marie) dotée d'une abside semi-cylindrique et d'un portail latéral, catalogués parmi les plus intéressants de la province. Il s'agit d'une construction du XIIè s. dont l'intérieur contient un arc triomphal en plein cintre encadrant un bel ensemble de peintures murales du XVè s.

Boente et son église de Santiago, **Castañeda** et ses fours à chaux qui produisaient pour la construction de la cathédrale de St-Jacques-de-Compostelle et un autre pont qui attire l'attention : celui qui permet de franchir la rivière Iso et sur lequel passe le Camino Francés, simple, avec un arc en plein cintre et qui daterait du XIIè s. À ses côtés fut créé un hospice qui est devenu une auberge de pèlerins, à l'architecture audacieuse mais intégrée dans son environnement.

Arzúa et la dernière étape

Le centre historique de **Arzúa** ne conserve par contre qu'un petit tronçon du Chemin de St-Jacques et deux temples. La localité est assimilée par certains à la Araduca des Galiciens de Bracara dont parle Ptolémée dans sa *Géographie* mais ce rapprochement est des plus incertains. Elle est à rapprocher plus vraisemblablement du nom de Vilanova de Arzúa qui apparaît dans le *Códice Calixtino* en tant que fin d'étape.

Des deux temples cités, celui placé sous l'invocation de Santiago est moderne alors que la **capilla de la Magdalena** (chapelle de la Madeleine), avec son unique nef rectangulaire, appartint à un couvent d'Augustins fondé au XIVè s. dans le but d'assister les voyageurs à pied ; il fut abandonné trois cents ans plus tard et ses structures furent consolidées récemment.

C'est le début d'un ample tronçon du Camino, très fréquenté parce qu'il traverse une multitude de terres de labours ainsi que la route principale. Là, le voyageur commence à ressentir la hâte d'arriver à **Lavacolla**, aujourd'hui aéroport et depuis toujours rivière dans laquelle il se baignait et où, s'il pouvait, il se changeait de vêtements. Il savait qu'il ne lui restait plus qu'une descente et une montée symbolique au **monte do Gozo** (mont de la Joie), l'ancien Monxoi (Montjoie), hauteur depuis laquelle il pouvait contempler pour la première fois les tours de la cathédrale qui conservent jalousement le sépulcre de l'Apôtre. De nos jours, le monte del Gozo abrite un complexe qui héberge le nouvel arrivant, lequel réalise le matin suivant sa dernière étape qui le conduit à Compostelle vers midi.

Le Chemin de Santiago ▸

Loisirs

Fêtes

D'un point de vue historique, les fêtes à Santiago de Compostela ont toujours été liées au monde religieux. Pratiquement toutes les fêtes, à l'exception de celles de Santiago en juillet, sont circonscrites à des quartiers particuliers, et ont conservé leur saveur familiale. En tous cas, c'est la gastronomie qui règne, sans modération quant à la quantité.

Défilé des Rois Mages. 5 janvier. Défilé traditionnel qui conclut les fêtes de Noël.

Pèlerinage de Saint Lazare. 17 et 18 mars. Dans le quartier qui assiste depuis plus de mille ans à l'arrivée des pèlerins devant l'ancienne enceinte de murailles.

Pèlerinage de Saint Marc . 24 avril.

Pèlerinage de Saint Pierre Martyr. 29 avril. Dans le couvent de Belvís, autrefois hors de la ville mais aujourd'hui à l'intérieur de celle-ci.

Fêtes du Saint. 24 et 25 juillet. En honneur à saint Jacques, en réalité elles sont rallongées chaque année un peu plus par des activités de toutes sortes. Le 24 au soir, des dizaines de milliers de personnes se retrouvent Prace do Obradoiro où est brûlée une immense composition de feux d'artifice représentant la façade de la cathédrale. Le 25 juillet, offrande à l'Apôtre dans la cathédrale. Ce même 25 juillet, célébration du Jour de la Galice avec des cérémonies festives variées et la présence de personnalités politiques.

Pèlerinage du Saint Christ des Miséricordes. 14 septembre et 2 novembre. À Santa María do Camiño.

Musées

Centre galicien d'art contemporain
Nouvelles tendances. Lieu de rencontre des avant-gardes, il jouit d'une bonne réputation dans le milieu. Le bâtiment fut imaginé et conçu par l'architecte Álvaro Siza.
Rúa Valle-Inclán, s/n.
Horaire: du mardi au samedi, de 11 h à 20 h. Dimanches, de 11 h à 14 h.

Musée Maison da Troia
Reconstitution de la vie estudiantine d'autrefois. Ce fut le décor du film du même nom.
Casa de la Troya. 5, Rúa da Troya.
Horaire: de 11 h à14 h et de 16 h à 20 h .

Musée de la cathédrale de Saint-Jacques-de-Compostelle
Tous les objets historiques qui ont été conservés de la cathédrale. À noter, son trésor.
Catedral. Horaire: de 10 h 30 à 13 h 30 et de 16 h à 19 h.

Museo da Colexiata do Sar
Créé au milieu des années soixante-dix du siècle dernier. Son contenu se résume à des objets séculiers de valeur artistique.
Colexiata do Sar.
Horaire: de 10 h à 13 h et de 16 h à 19 h.

Musée des pèlerinages
Promenade au travers de l'histoire des pèlerinages. Imagerie abondante.
4, San Miguel. Horaire: de 10 h 30 à 20 h. Samedis, dimanches et jours féries de 10 h 30 à 13 h 30.

Musée d'histoire naturelle "Luis Iglesias"
Spécialisé en botanique, zoologie et géologie. Très intéressant pour les connaisseurs surtout en ce qui concerne ce dernier domaine. Avenida das Ciencias, s/n.
Horaire: du lundi au vendredi de 11 h à 13 h et de 17 h à 19 h.

Musée de la Terre Sainte
Conçu il y a une vingtaine d'années, le musée est consacré à l'histoire de la Terre Sainte. Il montre aussi les oeuvres qui furent exposées à Rome en 1950 lors de l'Exposition d'Art Sacré.
Convento de San Francisco.
Horaire: de 11 h à 13 h 30 et de 16 h à 19 h. Fermé le lundi.

Musée du monastère de San Paio de Antealtares
Exemplaires d'art sacré.
Monasterio de San Paio de Antealtares.
Horaire: de 10 h à 13 h et de 16 h à 19 h.

Musée du peuple galicien
Musée ethnographique. Très varié. Embarcations traditionnelles, vêtements, tissus... Il recueille la mémoire de la Galice traditionnelle, paysanne et marine.
Monasterio de San Domingos de Bonaval.
Horaire: du lundi au samedi, de 10 h à 13 h et de 16 h à 20 h.

Xenerais do Ulla

LE CARNAVAL

S'il est vrai que toutes les fêtes célébrées à Santiago possèdent un fort caractère religieux, du moins à l'origine, il est vrai aussi qu'elles se sont diversifiées récemment et étendues à des styles tels que le théâtre pour enfants sur la plaza de O Toural ou les concerts de jazz à la Quintana, si bien que le mois d'août, lorsque qu'a lieu la grande avalanche de pèlerins, de touristes et de visiteurs venus de tous les horizons, est un mois de festivités.

Cependant, il reste un rendez-vous populaire qui ne coïncide pas avec ces dates: le Carnaval, presque toujours en février, parfois en mars. Santiago n'échappe évidemment pas à la règle et, après quelques décennies de silence imposé au cours de la seconde moitié du XXè s., le Carnaval est réapparu à partir de 1975. Les rues se remplissent de personnes déguisées, qui vont habituellement en petits groupes plutôt qu'en troupes organisées ainsi que cela se fait dans le sud de l'Espagne et dans les îles Canaries. Les déguisements sont généralement faits maison avec des morceaux de tissu et de vieux vêtements, et montrent une prédilection pour les faux curés et religieuses. C'est une fête qui chamboule tout, connue dans la région sous le nom de **Antroido** (dans le nord) et **Entroido** (dans le sud).

Centre galicien d'art contemporain ▲

Musée ethnographique Sotelo Blanco
Musée privé à la périphérie de la ville, à gauche quand on va vers l'aéroport de Lavacolla. Rúa San Marcos, s/n.
Horaire: du lundi au vendredi de 09 h à 13 h 30. Le samedi de 09 h à 13 h 30.

Monastère de San Martiño Pinario
Exposition "Galiciadixital" (Galicedigitale), un parcours virtuel de la Galice au moyen des technologies d'avant-garde. Visite guidée possible.
Horaire: du mardi au dimanche de 10 h 30 à 14 h et de 16 h à 20 h 30. Dernières entrées à 13 h 30 et 19 h 30.

Visites guidées

Organisées par l'Association Professionnelle de Guides Touristiques. Sorties du 16 octobre au 31 mars, le matin à 12 h. Du 1er avril au 15 octobre, une sortie en plus, à 18 h. Langue : espagnole. Point de rencontre: plaza de Platerías, sous les arcades du Banco de España.
Prix par personne: 8 euros, TVA comprise, moins de 12 ans, gratuit. Le guide est reconnaissable à un parapluie jaune avec l'anagramme de l'association.

Carte Touristique

Elle permet d'utiliser gratuitement le transport urbain. Elle donne droit à des réductions à RENFE (SNCF), dans le transport touristique et les musées, les restaurants et pour la location de voitures. On les acquiert dans les maisons du tourisme, les hôtels de la ville et sur www.santiagoturismo.com.
Prix : Compostelle 48 heures: 12 euros, valable pour deux adultes et un jeune de moins de 14 ans.
Compostelle Familiale: 15 euros, valable pour deux adultes et deux jeunes de moins de 14 ans.

Musée de la cathédrale ▼

Informations pratiques

Comment s'y rendre

Par la route

L'autoroute A-9 ou de l'Atlantique (à péage) connecte A Coruña et Vigo à Santiago, de même que la N-550. Depuis Lugo, par la N-634. Depuis Ourense, par la N-525 et la A-53 (péage). Depuis Muros et Noia, par la C-543. Depuis Carballo, par la C-545.

Avion

Aéroport de Lavacolla (à 11 kms). Téléphones: Iberia: 981 596 158. Air Europa: 902 401 501. Spanair: 902 131 415

Train

Gare RENFE (SNCF). Au bout de la calle Hórreo. Tél. 902 240 202.

Bus

Gare de San Caetano. Tél. 981 587 700. Autobus urbains. Tél. 981 581 815. Il y a 10 lignes d'autobus urbains qui relient le centre aux quartiers périphériques.

Services de taxis

Il existe de nombreuses stations de taxis dans la ville. Celles qui sont situées dans les calles Montero Ríos (Tél. 981 56 01 01), Senra (Tél. 981 56 10 28) et Praza Roxa (Tél. 981 59 59 64) sont en service 24/24 h.
Tele - Taxi: Tél. 981 56.10.28

Transport Touristique

Bus touristique: il part de la Plaza del Obradoiro. Départs du 16 mars au 31 octobre, de 10 h à 19 h; du 1er novembre au 15 mars, à 10 h, 11 h, 12 h et 13 h.
Train touristique: départ de la Praza do Obradoiro. Départs aux mêmes dates que le bus de 10 h à 20 h en haute saison et de 10 h à 13 h 30 en basse saison.
Prix: bus seul : adultes 9,60 euros ; enfants de 4 à 12 ans 5 euros. Train seul : adultes 5 euros ; enfants de 4 à 12 ans 3 euros. Bus plus train : adultes 10 euros ; enfants de 4 à 12 ans, 5 euros.

Parkings publiques

Xoán XXIII (près de la cathédrale), Praza de Galicia (à l'entrée du centre historique), San Clemente (dans Rodrigo de Padrón, dans le centre historique), Praza de Abastos (dans le Callejón de las Trompas, s/n), Galeras, Rosalía (dans Rosalía de Castro), Gran Vía (dans Santiago de Chile), Plaza de Vigo, Área Central (dans le polígono de Fontiñas), El Ensanche (dans La Rosa), Hórreo (dans Ramón Piñeiro), San Caetano (à la gare d'autobus), Gare ferroviaire, Hotel Araguaney (dans Alfredo Brañas), Romero Donallo

Bar dans le centre historique

Téléphones utiles

Mairie. Palacio de Rajoy. Praza do Obradoiro. Tél. 981 542 300.
La Poste. Centre Principal, travesía de Fonseca, tél. 981 581 252. Autres centres: **Centre Comercial Hipercor,** calle García Prieto (quartier de Conxo), tél. 981 572 200, **Complexe Administratif de San Caetano** (En face de la gare routière), tél. 981 545 400.
Télégaphes. Travesía de Fonseca. Tél. 981 581 792.
Offices du Tourisme. Rúa do Vilar, 43, tél. 981 584 081, et praza de Galicia, tél. 981 573 990.
Office du Consommateur. Tél. 981 542 314.
Croix Rouge. Avda. de Lugo. Tél. 981 586 969 et 981 581 028.
Pharmacies 24 heures: Praza do Toural, 11. Calle Madrid, 12 (polígono de Fontiñas). Cantón do Toural, 1.
Police Locale: Tél. 092.
Police Nationale: Tél. 091.
Gendarmerie: Tél. 062.
Pompiers: Tél. 080.
Urgences médicales: Tél. 061.
Ambulances: Tél. 061.

Santiago sur le réseau

www.santiagodecompostela.com
www.santiagoturismo.com
www.usc.es (de l'université)
www.red2000.com/spain/santiago/1santia.html
www.crtvg.es (web-cam sur la ville et la cathédrale)

Pèlerin

www.todocompostela.com (musées, trains, autobus)
www.citcompostela.com/infoutil.htm (horaires des messes, musées et services).

Où dormir

Parador de Turismo Hostal dos Reis Católicos (*****). Praza do Obradoiro. Tél. 981 582 200. Construit en 1499.
Palacio del Carmen (*****). Oblatas, s/n. Tél. 981 552 444. De la chaîne AC.
Meliá Araguaney (*****). Alfredo Brañas, 5. Tél. 981 559 600. Cuisine intéressante. Bar publique acceuillant.
Compostela (****). Hórreo, 1. Tél. 981 585 700. À l'entrée du centre historique.
Los Abetos (****). San Lázaro, s/n. Tél. 981 557 026. En dehors de Santiago, en direction de Lavacolla.
Peregrino (****). Avda. Rosalía de Castro, s/n. Tél. 981 521 850. Modernisé en 1993.
Puerta del Camino (****). Miguel Ferro Caaveiro, s/n. Tél. 981 569 400. Édifice conventionnel. Il jouxte le Palais des Congrès et Expositions.
Tryp (****). Paxonal. Tél. 981 534 949. Très moderne, design classique.

Établissements de tourisme rural

Bien évidemment, les établissements de tourisme rural ne se trouvent pas directement dans la ville, mais non loin d'elle. Ceux de la liste suivante (certains dans des municipalités limitrophes) sont éloignés de 5 à 15 mn de la ville.
Casa Grande do Bachao. Santa Cristina de Fecha. Santiago. Tél. 981 194 118. Sur la route vers Santa Comba. Luxe, bons prix, excellente cuisine.
Casa Costoia. Biduído. Ames. Tél. 981 884 601. Route de Noia. Lieu très tranquille. Très bonne nourriture.
Casa Grande de Cornide. Calo.Teo. Tél. 981 805 599. Luxe. Appartements et chambres. Piscine.
Casa do Cruceiro. Raíces-Biduído. Ames. Tél. 981 548 596. Bonne nourriture. Maison de 1850.
O Muiño de Pena. O Pino. Tél. 981 814 404. Très proche de l'aéroport. Très bien restauré. Cuisine maison remarquable.
Parada de Francos. Calo. Teo. Tél. 981 538 004. À côté du Chemin Portuguais de Santiago.

Parador de Turismo Hostal dos Reis Católicos ▲

Pazo Xan Xordo. Lavacolla. Santiago. Tél. 981 888 259. En direction de l'aéroport. Recommandé depuis récente transformation.
Pazo Cibrán. Sales. Vedra. Tél. 981 511 515. Route d'Ourense, indiqué à droite. Environnement tranquille.
Casa María. Laraño. Santiago. Tél. 981 537 213. Route de Noia.
A Oliveira. Castiñeiro do Lobo, 2. Ames. Tél. 981 891 766. Ensemble bien restauré. Endroit très tranquille.
Finca San Lorenzo. Corredoira dos Muiños, 24. Santiago. Tél. 981 593 527. La maison entière se loue.

Où manger et prendre un verre

Calderón. Carrera del Conde, 8. Une excellent cuisine.
Casa Marcelo. 1, Hortas. Tél. 981 558 580. Ferme le dimanche, le lundi et le mardi. Il y a seulement un menu dégustation qui varie chaque jour. C'est l'endroit "in" de Santiago.
Toñi Vicente. 24, Rosalía de Castro. Tél. 594 100. Ferme le dimanche, la première quinzaine de septembre, et du 24 décembre au 7 janvier. Cuisine créative.
La Tacita D'Juan. 31, Hórreo. Tél. 981 562 041. Ferme le dimanche et la première quinzaine d'août. Établissement très fréquenté par la classe politique galicienne.
Moncho Vilas. 21, avenida. Vilagarcía. Tél. 981 598 387. Ferme le lundi. Cuisine galicienne avec des touches de modernité.
Anexo Vilas. R88, Rosalía de Castro. Tél. 981 591 000. Ferme le dimanche. Un classique à Santiago.
Don Gaiferos. 23, rúa Nova. Tél. 981 583 894. Ferme le dimanche le soir. Excellent local.
En ce qui concerne les bars, tous ceux qui ont du charme se concentrent dans la vieille ville, en particulier dans le Franco et dans la Raíña. Au fil du temps, ils ont été modernisés pour s'adapter aux matériaux et goûts actuels, marqués par le tourisme de masse. L'un deux, "El Gato Negro", a résisté à la modernisation et conserve toute l'atmosphère des années vingt du siècle dernier, quand il ouvrit ses portes. Il se trouve dans la calle Raíña. À noter également la vinothèque O'Beiro, avec plus de 900 références. Elle se trouve au 3, calle Raíña.

Terrasse à Porta Faxeiras ▼

Santiago la nuit

Santiago possède une vie nocturne très active surtout pendant l'année scolaire quand des milliers d'étudiants se retrouvent pour sortir. Les zones les plus visitées sont au nombre de deux. D'une part, le vieux centre juste derrière San Paio de Antealtares et d'autre part, dans la calle Nueva (ou Nova) et les rues adjacentes, à proximité de la Praxa Roxa (à ne pas confondre avec la Rúa Nova).

Promenades, achats et loisirs

Paseo da Ferradura-La Alameda: ouvert tous les jours.
Centre Comercial Área Central, dans le polígono de Fontiñas. Horaire, du lundi au samedi de 10 h à 22 h. À l'exception de l'hôtellerie, ferme le dimanche. Cinés.
Centro Comercial Compostela. Supermarché Hipercor et boutiques El Corte Inglés. Horaire: de 10 h à 22 h.
Marché. Praza de Abastos. À côté de l'université. Horaire: le matin du lundi au samedi jusqu'à 14 h. Le jour le plus important est le jeudi. Dans toute la vieille ville, les boutiques de souvenirs foisonnent. Orfèvrerie et productions en jais intéressantes.
Sargadelos. 16, rúa Nova. Céramique la plus célèbre de Galice.
Mayer. 6, Praterías. Ouvrages façonnés par repoussage.
Regueira. 9, Acibechería. Pièces décoratives en jais.

Scène aux portes du marché

Antonio G. Seco. 3, San Pedro de Mezonzo. Fromages et charcuterie.
La Casa de los Quesos. 10, Bautizados. Sélection de fromages galiciens.

Salons et congrès

Santiago est une ville de congrès, en relation pour la plupart avec le monde de l'université et avec le Chemin de St-Jacques. Ils sont célébrés soit dans des hôtels de haut standing et de luxe soit, la plupart, dans le Palacio de Congresos y Exposiciones (Palais des Congrès et Expositions), dans le quartier de San Lázaro (Tél. 981 552 420).
Sur un autre plan mais également intéressant, une grande foire a lieu les jeudis dans la banlieue, à Salgueriños exactement.

Produits typiques

Autres renseignements pratiques

Espagnol et galicien pour étrangers. Université. Bureau des Cours Internationaux. Avenida das Ciencias, chalet número 2. Tél. 981 597 035.
Institut de langues. Facultad de Filoloxía. Tél. 981 563 100.

Sports

Complexe Sportif Universitaire.
Tél. 981 563 100, poste 15073.
Stade Polyvalent de San Lázaro.
Tél. 981 574 336 et 981 564 384.

Bibliothèques

Musée du Peuple Galicien. Du lundi au vendredi de 08 h à 15 h. Fermé en août.
Centre de Documentation Européenne. Du lundi au vendredi de 09 h à 14 h.
Bibliothèque Générale de l'Université. Du lundi au vendredi, de 08 h 30 à 21 h 30. Pendant les vacances scolaires, de 09 h à 14 h. Accès limité.
San Francisco. Ouverte aux heures de travail.

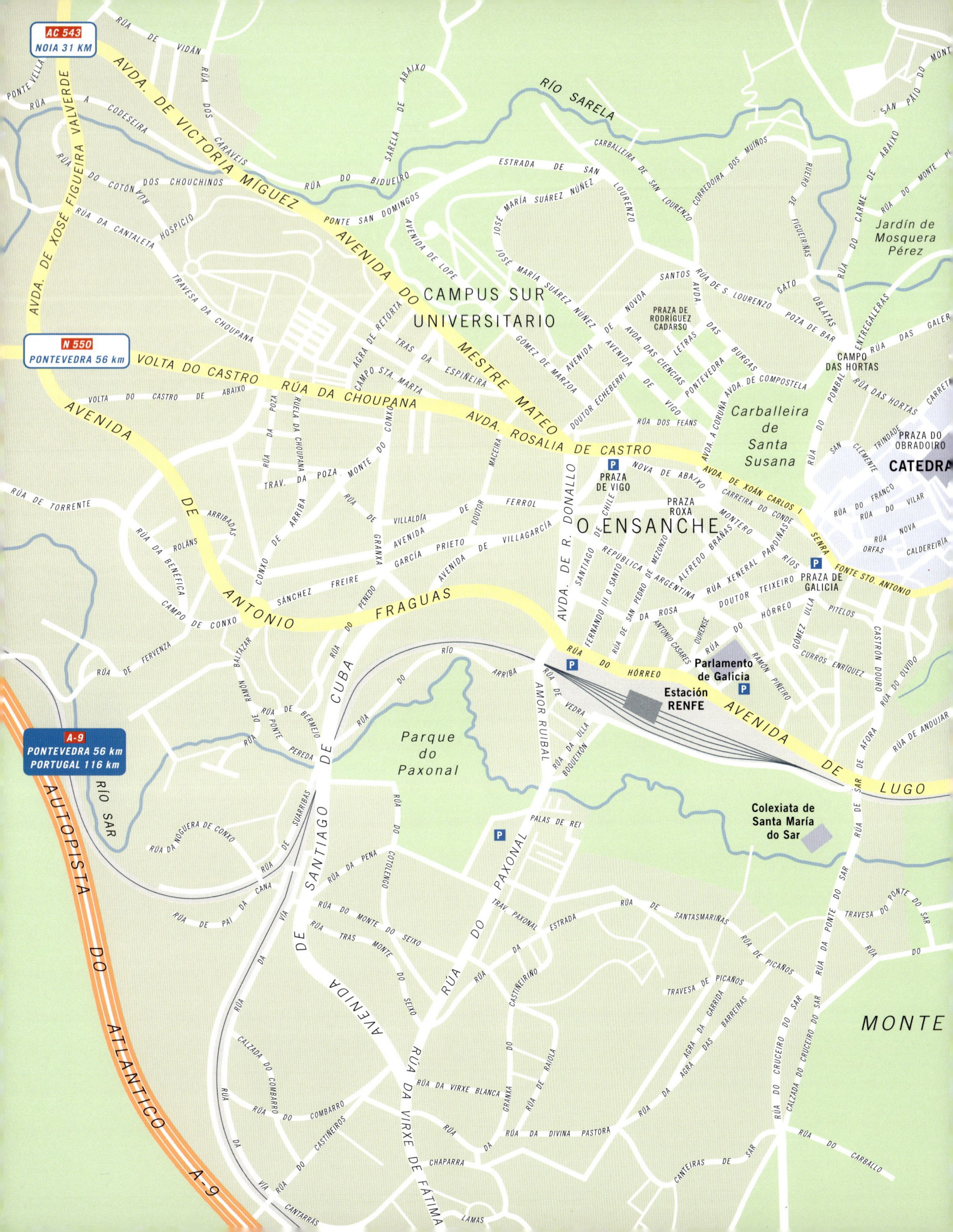

AC 543
NOIA 31 KM
N 550
PONTEVEDRA 56 km
A-9
PONTEVEDRA 56 km
PORTUGAL 116 km
RÍO SARELA
CAMPUS SUR
UNIVERSITARIO
AVDA. DE VICTORIA MÍGUEZ
AVENIDA DO MESTRE MATEO
VOLTA DO CASTRO
RÚA DA CHOUPANA
AVDA. ROSALÍA DE CASTRO
AVDA. DE XOSÉ FIGUEIRA VALVERDE
AVENIDA DE ANTONIO FRAGUAS
AVDA. DE R. DONALLO
O ENSANCHE
PRAZA DE VIGO
PRAZA ROXA
PRAZA DE RODRÍGUEZ CADARSO
Carballeira de Santa Susana
CAMPO DAS HORTAS
PRAZA DO OBRADOIRO
CATEDRA
Jardín de Mosquera Pérez
PRAZA DE GALICIA
Parlamento de Galicia
Estación RENFE
AVENIDA DE LUGO
Parque do Paxonal
Colexiata de Santa María do Sar
RÍO SAR
AUTOPISTA DO ATLÁNTICO
A-9
AVENIDA DE SANTIAGO DE CUBA
RÚA DO PAXONAL
RÚA DA VIRXE DE FÁTIMA
MONTE

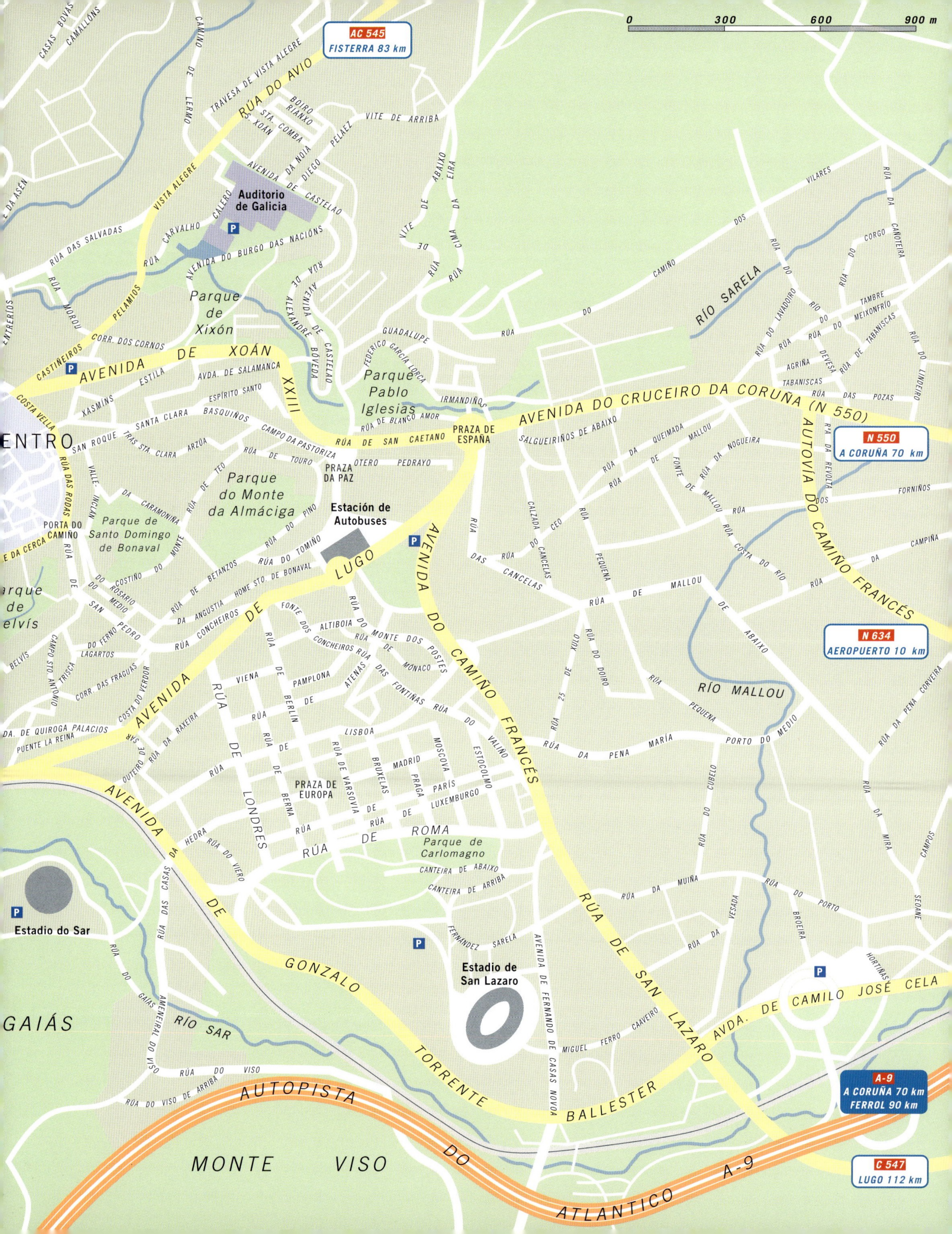
0 300 600 900 m
AC 545
FISTERRA 83 km
N 550
A CORUÑA 70 km
N 634
AEROPUERTO 10 km
A-9
A CORUÑA 70 km
FERROL 90 km
C 547
LUGO 112 km
Auditorio de Galicia
Parque de Xixón
Parque Pablo Iglesias
Parque do Monte da Almáciga
Parque de Santo Domingo de Bonaval
Estación de Autobuses
PRAZA DE ESPAÑA
PRAZA DA PAZ
PRAZA DE EUROPA
Parque de Carlomagno
Estadio do Sar
Estadio de San Lazaro
ENTRO
PORTA DO CAMIÑO
GAIÁS
MONTE VISO
RÍO SARELA
RÍO MALLOU
RÍO SAR
AVENIDA DE XOÁN XXIII
AVENIDA DO CRUCEIRO DA CORUÑA (N 550)
AUTOVÍA DO CAMIÑO FRANCÉS
AVENIDA DO CAMIÑO FRANCÉS
AVENIDA DE LUGO
AVENIDA DE GONZALO TORRENTE BALLESTER
AVDA. DE CAMILO JOSÉ CELA
RÚA DE SAN LAZARO
AUTOPISTA DO ATLANTICO A-9
RÚA DO AVIO
RÚA DE ROMA
RÚA DE LONDRES
RÚA DE SAN CAETANO
RÚA DAS SALVADAS
RÚA DA PENA MARÍA
RÚA DE MALLOU
RÚA DO VISO
CAMINO DE LERMO
TRAVESA DE VISTA ALEGRE
VITE DE ARRIBA
CAMPO DA PASTORIZA
AVENIDA DO BURGO DAS NACIÓNS
AVENIDA DE CASTELAO
AVENIDA DE FERNANDO DE CASAS NOVOA
COSTA VELLA
CASTIÑEIROS
CORR. DOS CORNOS
SAN ROQUE
RÚA DAS RODAS
VALLE-INCLÁN
SANTA CLARA
BASQUIÑOS
ESPÍRITO SANTO
AVDA. DE SALAMANCA
SALGUEIRIÑOS DE ABAIXO
RÚA DO TOMIÑO
HOME STO. DE BONAVAL
CONCHEIROS
ALTIBOIA
MONTE DOS POSTES
RÚA DAS FONTIÑAS
VIENA
PAMPLONA
BERLÍN
LISBOA
MADRID
MOSCOVA
BRUXELAS
PRAGA
PARÍS
LUXEMBURGO
ESTOCOLMO
VALIÑO
BERNA
RÚA DE VARSOVIA
HEDRA
RÚA DO VIERO
CANTEIRA DE ABAIXO
CANTEIRA DE ARRIBA
FERNÁNDEZ SARELA
MIGUEL FERRO CAAVEIRO
RÚA DAS CASAS
AMEIXEIRAL DO VISO
RÚA DO GAIÁS
PORTO DO MEDIO
RÚA DA MUIÑA
RÚA DO PORTO
BROEIRA
SEOANE
CAMPOS
RÚA DA MIRA
RÚA DA PENA CORVEIRA
CAMPIÑA
FORNIÑOS
RÚA DA REVOLTA
RÚA DO LINDEIRO
RÚA DA CANOTEIRA
RÚA DAS POZAS
TABANISCAS
AGRIÑA
DEVESA
MEIXONFRÍO
TAMBRE
CORGO
CAMIÑO DOS VILARES
GUADALUPE
FEDERICO GARCÍA LORCA
IRMANDIÑOS
RÚA DE BLANCO AMOR
OTERO PEDRAYO
CALZADA DAS CANCELAS
RÚA PEQUENA
RÚA 25 DE XULLO
RÚA DO DOIRO
RÚA DO CUBELO
VESADA
HORTIÑAS
PUENTE LA REINA
DA. DE QUIROGA PALACIOS
BELVÍS
CAMPO STO ANTONIO
CORR. DAS FRAGUAS
COSTA DO VERDOR
OUTEIRO DE SAR
RÚA DA RAXEIRA
RÚA DE TEO
CARAMONIÑA
BETANZOS
ANGUSTIA
ROSARIO
LAGARTOS
XASMINS
ESTILA
ARZÚA
TOURO
RÚA DO PINO

Édition et réalisation: **Éditions Aldeasa**
Traduction: **Mathilde Hugrel**
Conception graphique: **Antonio Ochoa de Zabalegui**
Maquette: **José María Carrizo**
Photomécanique: **Lucam**
Impression: **TF. Artes Gráficas**

ISBN: 84-8003-403-3
Depósito legal: M-53964-2003